명상,
침묵의 향기

명상하는 자 없는 명상, 명상하지 않는 명상

명상

침묵의 향기

심성일 지음

침묵의 향기

서문

아무것도 아닌 나로 돌아가는 여정의 시작

우리는 늘 무언가가 되려 애씁니다.

더 나은 나,
더 지혜로운 사람,
더 평화로운 존재.

하지만 그 '더 나은 나'를 좇는 그 순간에도,
우리 안에서는 조용한 속삭임이 들립니다.

"이미 괜찮아. 이미 너는 온전해."

이 책은 그 조용한 속삭임에 귀 기울이는 여정입니다.

명상은 어떤 목표를 이루기 위한 수단이 아닙니다. 고요해지기 위해 억지로 애쓰는 것이 아니라, 이미 고요한 그 자리를 기억해 내는 일입니다. 이 책에서 말하는 명상은 바로 지금 이 순간의 당신을 있는 그대로 마주하는 일입니다.

'나'라는 생각, '되어야 할 무언가'라는 이미지, 그 모든 것을 잠시 옆에 두고, 말없이, 조용히, 지금 여기를 바라보는 것.

당신은 이 글을 읽는 동안, 아무것도 하지 않아도 충분히 존재하고 있다는 깊은 감각과 마주하게 될 것입니다.

그저 존재하는 것,
숨 쉬는 것,
바라보는 것.

그 단순함 속에 깃든 거대한 평화와 만날 수 있기를 바랍니다.

이 책은 당신에게 아무것도 가르치지 않으려 합니다. 대신, 당신 안에 이미 있는 어떤 것을 기억하게 도울 수는 있을 것입니다. 그것은 단어 이전의 침묵, 생각 이전의 알아차림, 그리고 늘 여기에 있던, 참된 당신 자신입니다.

그 여정을 함께 걸어가 봅니다.

아무것도 아닌 나, 그 고요하고 투명한 자리를 향해.

> 2025년 6월 여름이 시작될 무렵
> 부산 금정산 아래에서
> 몽지 심성일 손 모음

| 차례 |

서문 아무것도 아닌 나로 돌아가는 여정의 시작 _5

1부 명상이 고플 때

명상 1 알아차림을 알아차림 _15

명상 2 자연스러운 알아차림 _19

명상 3 생각과 감정 너머 있는 그대로의 나 _22

명상 4 노력할 필요 없는 존재와 자각 _26

명상 5 지금 여기의 현존 _30

명상 6 감정의 소용돌이에서 벗어나기 _33

명상 7 존재의 자연스러운 상태 _36

명상 8 있는 그대로 받아들이기 _39

명상 9 생각에서 벗어난 지금 이 순간 _43

명상 10 자기 개발의 부담감에서 자유롭기 _47

명상 11 죽음의 공포가 밀려들 때 _51

명상 12 자기가 지어낸 이야기에서 빠져나오기 _55

명상 13 후회와 불안의 드라마 종료하기 _59

명상 14 지금 여기에서 내려놓기 _62

명상 15 지금 이 순간의 충만함 _66

명상 16 그냥 멈춤 _69

명상 17 반복되는 과거의 상처에서 벗어나기 _73

명상 18 불안, 두려움, 무기력함이 밀려올 때 _77

명상 19 지금 이대로 쉼 _80

명상 20 추구자로부터 자유로워지기 _83

2부 묻고 답하고

1. 자나 깨나 한결같은 것 _89

2. 모든 것은 의식 속에 _91

3. 대상이 없는 순수 의식 _94

4. 지금 여기, 현존, 알아차림, 참나 _97

5. 끝없는 변화 가운데 결코 변하지 않는 것 _102

6. 알아차림에 대한 알아차림 _107

7. 지금 이 자리 _113

8. 나는 누구인가? _115

9. 절대성과 상대성 _119

10. 죽음에 대하여 _123

3부 당신에게 보내는 마음 엽서

1. 무엇을 찾고 있는가? _131
2. 지금 여기 1 _134
3. 시간 없음 _138
4. 와서 보라 _140
5. 눈앞이 눈앞을 본다 _144
6. 고요히 있으라 _146
7. 참된 명상 _148
8. 청정한 본성 _151
9. 지금 여기 2 _154
10. 침묵의 향기 _156
11. 불편한 감정의 치유 _158
12. 무지(無知)의 구름 _163
13. 무아인 진아 _165
14. 참회 _173
15. 욕망 _175

4부 참된 수행: 일상의 문으로 들어가기

1. 참된 수행이란 무엇인가? _181
2. '하는 자' 없이 살아 보기 _187
3. 저항 없는 접촉 _193
4. '타인 없음'의 관계 맺기 _200
5. 세상 속에서 깨어 있기 _206
6. 아무것도 아닌 나, 모든 것인 나 _212

후기 _218

1부

명상이 고플 때

명상 1

알아차림을 알아차림

지금, 아무것도 바꾸려 하지 말고
그저 존재해 보세요.

당신의 생각, 감정, 몸의 감각이 어떠하든
그냥 그대로 두세요.

지금은 무엇을 하려는 시간이 아닙니다.
단지 존재하고 있다는 사실을 조용히 느껴 보는 시간입니다.

지금, 주의를 바깥으로 돌려 봅니다.
소리가 들리나요?

가까운 곳에서 들리는 소리,

먼 곳에서 들리는 소리……

모두 지나가는 현상일 뿐입니다.
당신은 지금, 그 소리를 '알아차리고' 있습니다.

생각이 떠오르나요?
기억이나 이미지가 흐르고 있나요?

그것 역시 알아차림 속에서 나타났다가 사라지고 있습니다.

모든 감각, 모든 생각은 시간 속으로 흘러가지만
그 모든 것을 인식하는 '자리'는 항상 여기 있습니다.

이제, 감각이나 생각을 따라가지 말고
알아차리는 나 자신에게로 돌아옵니다.

이 자리는 어떤 형상도 없고 어떤 감정도 없습니다.
하지만 존재하고 있음은 분명합니다.

그 알아차림은 지금, 여기에 있습니다.

당신은 지금 알아차림을 통해
모든 것을 보고, 느끼고, 경험하고 있습니다.

이제 한 가지 질문을 던져 봅니다.

나는 지금 '알아차림이 있다는 사실'을 알아차리고 있는가?
이 알아차림은 어디에서 오고, 어디로 가는가?
이 알아차림은 지금까지 변한 적이 있는가?

나는 생각도 아니고, 감정도 아니며, 그 모든 것을 인식하고 있는 알아차림 그 자체는 아닐까?

이제는 아무것도 묻지 마세요.
어떤 대답도 찾지 마세요.

그저, 알아차리는 상태로 조용히 머무르세요.

당신은 이미 여기에 있습니다.
어떤 노력도 필요 없습니다.

아무것도 붙잡을 필요가 없습니다.

당신은 알아차림입니다.

그것은 항상 있었고,
지금도 여기에 있으며,
사라지지 않습니다.

눈을 뜨든 감든,
움직이든 멈추든,
당신은 여전히 '알아차리고 있음' 속에 존재하고 있습니다.

이 평온하고도 깨어 있는 자리,
그것이 바로 당신의 본래 모습입니다.

명상 2

자연스러운 알아차림

조용한 공간에서 편안히 앉습니다.
눈을 감고, 긴장을 풀고, 몸의 무게를 느낍니다.

이 명상은 '무언가 하려는 노력 없이 알아차림 자체에 깨어 있음'을 연습합니다.

지금, 이 순간……
어떤 생각도 붙잡지 말고,
어떤 감정도 억제하지 마세요.
그저 알아차림 속에 머무릅니다.

지금 당신 안에서 일어나는 모든 경험을
경험하는 그 자각 자체를 인식해 보세요.

소리가 들리나요?
느낌이 있나요?
생각이 오고 가나요?

그 모든 것을 알아차리는 자는 누구입니까?

이 질문을 생각으로 대답하지 마세요.
그 질문 자체가 당신을 인식의 중심으로 이끕니다.

지금 '나는 있다'는 느낌이 있나요?

어떤 이름도 붙이지 말고,
그 느낌 속에 가만히 머물러 보세요.

질문해 보세요.

"바로 지금, 나는 누구인가?"
"나는 무엇으로 이 모든 것을 경험하고 있는가?"

어떤 이미지, 감정, 기억이 떠오르더라도
그것은 당신이 아닙니다.

그것은 오고 가지만,
당신은 그것을 알아차리는 자각 그 자체입니다.

이 자각은 고요하고,
조건이 없으며,
무한히 열린 공간입니다.

바로 이곳이 진실의 중심입니다.

어떤 노력도 필요하지 않습니다.
지금 이 자리에 이미 당신은 도달해 있습니다.

더이상 갈 곳도, 바꿔야 할 상태도 없습니다.
당신은 지금 여기에 존재하며 깨어 있습니다.

이 고요함을 떠나지 마세요.
말과 생각 이전의 순수한 '나'로 그냥 있으세요.

진리는 항상 이 자리에서,
지금 이 순간의 가장 직접적인 방식으로 드러납니다.
당신은 이미 그것입니다.

명상 3

생각과 감정 너머, 있는 그대로의 나

조용한 장소에 앉거나 누워 보세요.
눈을 감고, 몇 번 깊은 호흡을 합니다.
몸의 감각을 가볍게 인식한 후, 그 인식 너머를 바라볼 준비를 합니다.

지금, 아무것도 하지 마세요.
단지 존재하세요.

숨을 쉴 필요도 없습니다.
호흡은 일어납니다.

생각이 떠오릅니다.
감정이 오고 갑니다.

그러나 이 모든 것을 '알고 있는 것'은 무엇인가요?
그 알아차림, 그 '있는 그대로의 인식'에 머물러 보세요.

그것은 조용합니다.
그것은 판단하지 않습니다.
그것은 변하지 않습니다.

지금, 어떤 생각이 떠오르면 이렇게 자문해 보세요.
"이 생각은 누구에게 일어나고 있는가?"

그리고 그 '누구'를 찾으려 해 보세요.
그 '누구'를 직접 바라보세요.

형태가 있나요?
경계가 있나요?
나이는 있나요?
감정인가요?

당신이 찾는 그 '누구'는 보이지 않습니다.
오직 알아차림만 남아 있습니다.

이 알아차림을 붙잡으려 하지 마세요.
그것은 이미 여기 있습니다.

당신이 무언가가 되려 하지 않을 때,
진짜 당신은 이미 여기에 있습니다.

존재하세요.

지금 이 순간.
말 없는 알아차림 속에.

아무것도 붙잡지 않고,
아무것도 밀어내지 않고,

그저 이 '내가 있다'는 느낌 속에 머무르세요.
그것은 생각보다 더 넓고,
공간보다 더 큽니다.

당신은 그것입니다.

잠시 조용히 이 상태를 유지하세요.

당신이 어떤 경험을 하든, 그것은 괜찮습니다.

이 명상은 어떤 특정한 상태에 도달하는 것이 아니라,
있는 그대로의 '지금 여기'를 인식하는 것입니다.

명상 4

노력할 필요 없는 존재와 자각

조용한 장소에서 등을 곧게 펴고 앉거나 누워 보세요.
눈을 감고, 몇 차례 자연스러운 호흡을 느낍니다.
몸, 감각, 소리 등 모든 외적 자극에 대한 관심을 잠시 내려놓습니다.

지금, 당신은 존재합니다.
그것은 가장 분명하고 확실한 사실입니다.

당신은 생각하지 않아도 존재합니다.
감정을 느끼지 않아도 존재합니다.
몸의 감각이 사라져도, 존재는 사라지지 않습니다.

그러므로 묻습니다:

"나는 누구인가?"

이 질문은 생각으로 대답할 필요가 없습니다.
단지 그 질문을 따라가 보세요.

당신은 지금 '존재하고 있음'을 압니다.
그 알아차림은 형태가 없고, 감정이 아니며, 변화하지 않습니다.

무엇을 경험하든, 그것을 아는 자각(Awareness)은 항상 동일합니다.

지금 당신이 듣는 소리, 떠오르는 생각, 스쳐 가는 감정은 그 자각 안에서 일어나고 있습니다.

그러나 자각은 그것들과 동일하지 않습니다.

지금, 당신의 관심을 외부 세계나 생각에서
당신의 '존재 그 자체'로 되돌려 보세요.

이름 없는 느낌,
형용할 수 없는 '나 있음(I Am)'에 머무르세요.

이 존재는 요구하지 않고,
판단하지 않고,
어디에도 가려 하지 않으며,
이미 완전합니다.

무엇을 깨달으려 하지 말고,
단지 자신으로 남아 보세요.

지금, 이대로.

그것이 바로 당신입니다.

어떤 노력 없이,
어떤 이미지 없이,
당신은 이미 당신 자신입니다.

잠시 이 상태에 머물러 보세요.
어떠한 생각이나 감정이 떠오르더라도 괜찮습니다.

그것들은 당신을 구성하지 않습니다.
그저 당신의 배경에서 자유롭게 오가고 있는 현상들일 뿐입니다.

당신이 누구인지를 찾을 필요는 없습니다.
당신은 이미 '그것'입니다.

명상 5

지금 여기의 현존

삶은 지금에만 존재합니다.
지금 이 순간을 깊이 살아갈 때,
삶이 우리 안에서 깨어납니다.
_에크하르트 톨레

조용한 공간에 앉아 등을 곧게 펴고, 눈을 감습니다.
몇 번 깊은 호흡을 하며 현재로 돌아옵니다.
몸의 감각, 호흡, 주위의 소리에 잠시 주의를 기울입니다.

지금 이 순간, 당신은 존재하고 있습니다.

미래는 아직 오지 않았고,
과거는 이미 지나갔습니다.

당신이 가진 유일한 시간은 바로 이 지금입니다.

머릿속에서 흐르는 이야기들을 바라보세요.
"내가 해야 할 일은 무엇인가?"
"왜 그런 일이 일어났을까?"

모든 생각은 시간을 기반으로 움직입니다.
그러나 지금 이 순간에는 시간도 없습니다.

지금, 호흡을 느껴 보세요.
공기가 몸속으로 들어오고, 나가는 것을 느껴 보세요.

이 단순한 감각은 과거나 미래가 아닌 지금에서만 느껴집니다.

지금 이 순간, 당신의 주의를 완전히 '지금'에 두세요.
감각을 느껴 보세요 ― 의자에 닿는 몸, 방의 온도, 들리는 소리들
······

판단하지 마세요. 그저 인식하세요.
떠오르는 생각이 있다면,
"나는 생각이 아니라, 그 생각을 인식하는 알아차림이다."라고 조용히 알아차리세요.

이 알아차림은 고요하고,
넓고,
움직이지 않습니다.

그 자각이 바로 '지금 여기'의 당신입니다.

어떤 문제가 있든,
어떤 감정이 있든,
지금 이 순간에는 단지 그것들이 존재할 뿐입니다.

그러나 그 모든 것의 배경에는 깊은 평화가 있습니다.
그 평화를 지금, 그대로 느껴 보세요.

찾지 마세요.
기다리지 마세요.
지금 이 순간이 바로 그것입니다.

잠시 그 고요함에 머무르세요.
더이상 어디에도 갈 필요가 없습니다.

무언가를 이루려 하지 않아도 됩니다.
지금 여기에서의 존재가 이미 충분합니다.

명상 6

감정의 소용돌이에서 벗어나기

지금 감정이 요동치고 있습니다.
괜찮습니다.
당신은 감정이 아닙니다.

지금, 깊게 숨을 들이쉽니다.
숨을 내쉬며……

몸의 감각으로 주의를 돌리세요.
발이 바닥에 닿는 느낌을 느껴 보세요.

손끝에서 감각을 느껴 보세요.
가슴이나 배가 움직이는 호흡의 감각을 느껴 보세요.

모든 감정은 지금 몸 안에서 에너지로 느껴지고 있습니다.
그것을 피하지 말고,
조용히 바라보세요.
감정이 일어나는 공간을 느껴 보세요.

생각이 아니라,
느낌 그 자체로 남아 있으세요.

이제 자신에게 조용히 말해 보세요:
"이 감정은 지나간다.
나는 그 감정을 인식하는 '공간'이다."

지금 느끼는 이 에너지는 당신을 해칠 수 없습니다.
저항하지 말고,
해석하지 말고,
그저 존재하며 바라보세요.

감정이 점점 줄어드는 것이 느껴지나요?
어떤 변화도 없어도 괜찮습니다.
중요한 건 당신이 감정이 아니라는 사실을 기억하는 것입니다.

나는 여전히 여기 있다.

지금, 이 순간.

완전히 깨어 있는 알아차림으로.

다시 한 번 깊게 숨을 들이쉬고,

천천히 내쉬며,

이 고요한 인식의 공간에 자신을 맡깁니다.

지금 여기, 괜찮습니다.

당신은 이미 그 평화입니다.

명상 7

존재의 자연스러운 상태

> 깨어남은 어떤 미래의 경험이 아니다.
> 그것은 바로 지금 이 순간,
> 당신이 이미 존재하고 있는 방식 그 자체다.
> _존 휠러

조용한 공간에서 편안히 앉거나 누워 보세요.
눈을 감고 몸의 긴장을 풀고, 자연스럽게 호흡하세요.

이 명상은 내가 누구인지를 어떤 생각도 없이 직접 알아차리는 연습입니다.

지금, 아무것도 하지 않아도 괜찮습니다.
노력하지 말고, 찾으려 하지 마세요.

당신은 이미 존재하고 있습니다.
존재하기 위해 무엇도 필요하지 않습니다.

질문해 보세요.
"나는 지금 누구인가?"

이 질문에 대한 대답을 찾지 마세요.
그저 당신 안에 항상 있던 '알아차림'을 인식하세요.

지금,
들리는 소리들,
몸의 감각,
떠오르는 생각들……

그것들이 '내'가 아니라는 것을 보세요.
그 모든 것을 지켜보고 있는 '나'는 어디에 있나요?

찾으려 하지 마세요.
이미 알아차리고 있지 않나요?

어떤 형태도, 어떤 감정도 '진짜 나'가 아닙니다.

지금, 이 알아차림은 고요하고,
생각 없이도 명확하고,

어떤 것도 필요로 하지 않습니다.

이 자리에 머무르세요.
더 노력하지 마세요.
이것이 바로 당신의 자연스러운 상태입니다.
더는 개선할 것도, 얻을 것도 없습니다.

이미 자유롭고, 완전한 존재.
이미 깨어 있는 알아차림.
지금 이 순간 그 자체.

다시 조용히 말해 봅니다.

"나는 지금 여기에 있다.
나는 단순한 알아차림이다.
더는 찾을 것이 없다."

이 평화로운 자리로 자주 돌아오세요.
당신은 이 상태를 떠난 적이 한 번도 없습니다.

명상 8

있는 그대로 받아들이기

조용한 공간에 편안히 앉거나 누워 보세요.

눈을 감고 몸을 느껴 보세요. 긴장을 풀고, 자연스러운 호흡으로 돌아옵니다.

이 명상은 무엇도 고치려 하지 않고, 있는 그대로 받아들이는 연습입니다.

지금, 이 순간을 느껴 보세요.

어떤 생각이 떠오르고 있나요?
어떤 감정이 움직이고 있나요?

그것들을 바꾸려 하지 마세요.

모든 것이 이 순간에 머물 수 있도록 허락하세요.

불편함이 있다면 괜찮습니다.
저항이 있다면, 그 저항조차도 환영하세요.

지금 느껴지는 모든 감정,
모든 신체 감각,
모든 긴장과 충동……

그 모든 것이 지금 이 순간의 신성한 파동임을 인식하세요.

마음속에서 이렇게 말해 보세요:
"이것도 괜찮아."
"지금 이대로 충분해."

생각이 어지럽나요?
그 생각이 존재하도록 허락해 보세요.
"생각이 있다는 것도 괜찮아."

감정이 무겁나요?
"무거운 감정이 있다는 것도 괜찮아."

지금 이 순간을 고치려 하지 마세요.
모든 것을 허용하는 여유로운 공간이 자신임을 느껴 보세요.

당신이 바로 그 공간입니다.
감정이 지나가고, 생각이 지나가고, 긴장감이 지나가도……

당신은 그대로 존재합니다.

이 조용한 받아들임 속에
변화와 평화는 저절로 옵니다.

지금 있는 그대로의 삶을
아무 판단 없이 안아 주세요.

"삶은 틀린 적이 없었다."
"지금 이 순간은 완전하다."

당신은 이 순간과 하나입니다.
저항이 멈추면, 사랑이 시작됩니다.

이 깊은 수용의 자리에 조금 더 머물러 보세요.

모든 것이 있는 그대로 괜찮을 때,
당신은 더이상 삶과 싸우지 않게 됩니다.

그저 이렇게 말해 보세요:
"나는 지금 이대로 충분하다."

천천히, 눈을 뜨고, 이 순간의 고요함과 함께 일상으로 돌아옵니다.

명상 9

생각에서 벗어난 지금 이 순간

조용한 공간에서 편안히 앉거나 누워 보세요.
눈을 감고, 이 안내를 듣거나 스스로 조용히 따라가세요.

이 명상은 '지금 이 순간'에 그 어떤 해석 없이 깨어 머무르는 실천입니다.

지금,
아무것도 하지 말고
그저 '지금'을 느껴 보세요.

지금 이 순간,
무엇이 문제인가요?

괜찮지 않은 게 있나요?
아니면, 생각 속에서 '괜찮지 않음'을 만들고 있나요?

문제는 오직 '생각'을 통해서만 생깁니다.

지금 생각하기 전의
이 고요하고 단순한 알아차림 속에는
어떤 문제도 없습니다.

질문해 보세요.
"지금 이 순간, 아무 생각 없이 존재해도 괜찮은가?"

당신은 이미 존재합니다.
노력하지 않아도 존재합니다.

이 단순한 '있음(being)'이
당신의 진짜 본성입니다.

지금, 여기에 주의해 보세요.
"나는 지금 존재한다.
이 존재에는 아무 문제가 없다."

몸의 감각이 있나요?
숨이 오가나요?
생각이 떠오르나요?

괜찮습니다. 그 모든 것이 자연스럽게 일어나도록 두세요.

단지 '알아차리는 이것',
그것이 바로 당신입니다.

더이상 찾지 않아도 됩니다.
이미 찾은 것입니다.

생각하지 마세요 — 느끼세요.
설명하지 마세요 — 그냥 존재하세요.

지금 여기에, 아무 문제 없습니다.

조용히 마음속으로 말해 보세요.
"지금 이 순간은 완전하다.
생각이 없다면, 문제도 없다."

이 고요한 자리로

언제든 돌아올 수 있음을 기억하세요.

당신은 늘 이 자리에 있었습니다.

생각만이 그것을 잠시 가렸을 뿐입니다.

명상 10

자기 개발의 부담감에서 자유롭기

> 진정한 자유는 자신을 고치려는 모든 노력이
> 불필요하다는 것을 깨달을 때 찾아온다.
> _조안 톨립슨

혼자 있을 조용한 공간을 찾아 보세요.
눈을 감고, 편안히 앉거나 누워 보세요.

이 명상은 '나를 바꾸려는 습관'을 내려놓고 지금 있는 그대로를 수용하는 자리로의 초대입니다.

지금, 이 순간을 느껴 보세요.

어떤 문제가 있나요?
아니면 문제를 만들고 있는 건 '더 나은 내가 되어야 한다'는 생각인가요?

당신은 지금 어떤 방식으로든

자신을 바꾸려 애쓰고 있을지 모릅니다.

그런데 질문해 봅니다.
"나는 진짜로 바뀌어야만 하는가?"

아니면, 이 순간을 있는 그대로 느껴도 괜찮은가요?

지금 당신이 경험하는
불안, 공허, 저항, 긴장감······

모두 이 순간의 살아 있는 표현입니다.
그것은 고쳐야 할 문제가 아니라
지금 삶이 이렇게 드러나는 방식일 뿐입니다.

그 어떤 감정도
판단 없이 허용해 보세요.

무언가가 고장 났다는 생각이 들면,
그것조차도 괜찮다고 말해 주세요.

이렇게 속삭이듯 말해 봅니다:

"지금 이대로도 충분하다."
"나는 고칠 필요가 없다."
"나는 여기에 있고, 그것이면 된다."

당신은 이 존재의 단순한 움직임입니다.

이 고요한 공간에서,
더 나은 누군가가 되려는 꿈은 사라집니다.

남은 것은 단지 삶 그 자체,
아무 저항 없는 지금 이 순간입니다.

생각이 속삭이더라도……
"아직 부족해."
"더 깨어 있어야 해."
"더 평화로워야 해."

그 생각들을 믿지 않아도 됩니다.

당신은 이미 존재합니다.
지금 이대로. 완전하게.

더 나은 상태로의 '향상'은
지금 이 살아 있는 현재의 깊이를 외면하는 방식일 수 있습니다.

이 순간을 침묵 속에서 그대로 안아 주세요.

조용히,
아무것도 바꾸려 하지 말고
이 말만 마음속에 남겨 보세요.

"나는 지금, 여기에 있고
그 무엇도 되어야 할 필요가 없다."

이 말이 가리키는 고요한 공간,
그곳이 바로 자유입니다.

명상 11

죽음의 공포가 밀려들 때

지금,

아주 조용히

'나'라고 믿었던 내 안의 모든 것을 바라봅니다.

성격, 이름, 과거의 기억들,

해야 할 일, 목표, 자기 개선의 계획들……

지금 그것들을

천천히 놓아주세요.

마치 죽음을 맞이하듯,

모든 이야기를 멈추고

그냥 이 자리에 남아 있는 느낌을 느껴 보세요.

"죽으면 어떻게 될까?"
라는 질문이 아니라,

"죽음이 지금 이 순간이라면 어떤 느낌일까?"
라고 물어보세요.

'해야 할 사람'이 사라지고,
'의미를 만들어야 할 사람'이 사라지고,
어떤 방향으로든 향하려는 충동이 사라진다면……

여기에 무엇이 남아 있나요?

순수한 알아차림.
조용한 있음.
아무 방향도 없는 자유.

이것은 삶의 끝이 아닙니다.

이것은 삶 그 자체입니다.

죽음은 삶과 반대가 아니라,
삶을 더욱 맨몸으로 느끼는 깊이입니다.

지금, 이 '죽은 듯한 침묵' 안에서
무언가가 사라지고
무언가가 아주 단순하게 남아 있습니다.

그 남아 있는 것은
바뀌지 않고
움직이지 않고
어떤 문제도 없습니다.

이것이 자기 개선 이전의 삶,
고치려는 충동 이전의 존재,
바로 지금입니다.

말없이 느껴 보세요.
"나는 지금 이 순간, 완전히 죽었고
그래서 완전히 자유롭다."

여기엔 두려움도, 미래도,

더 나은 내가 되어야 한다는 강박도 없습니다.

삶은 더이상 무언가가 될 필요 없이
그 자체로 살아 있습니다.

천천히 숨을 들이쉬고 내쉬며
이 죽음 같은 고요 속에서
삶의 진짜 깊이와 친해져 보세요.

그리고 마음속에
이 말 한 줄만 남겨 두세요.

"나는 지금, 아무것도 되지 않음으로써 완전하다."

명상 12

자기가 지어낸 이야기에서 빠져나오기

조용한 곳에 앉거나 누워 보세요.
특별히 집중하거나 노력하지 않아도 괜찮습니다.

이 명상은 무언가 되기 위한 과정이 아니라,
이미 존재하는 이 순간을 허용하는 자리입니다.

지금,
아주 천천히
매 순간 흘러가는, 내 삶에 관한 '이야기들'을 바라보세요.

"나는 왜 이럴까?"
"이렇게 살아도 괜찮을까?"
"나는 충분한가?"

이 이야기들은 진짜인가요,
아니면 단지 떠오르는 생각의 파도일 뿐인가요?

지금 이 순간,
생각이 멈춘다면
무엇이 남아 있나요?

단지
숨,
소리,
감각,
빛,
그리고 이 알아차림 자체.

이야기는 끊임없이 흘러갑니다.

그런데 그 이야기를
꼭 믿어야 할 필요가 있을까요?

지금
내 삶이 어떠해야 한다는 기준 없이

그냥 이 자리에 멈춰 보세요.
이름도 없고, 방향도 없고, 목적도 없는 바로 지금.

이 순간은 고요하거나, 불편하거나, 텅 비었거나, 가득 찼거나
그 어떤 것이든 될 수 있습니다.

하지만 그 모든 것의 바탕에는
'지금-여기 있음'이라는
바뀌지 않는 바닥이 있습니다.

이 바닥은 설명되지 않고,
개념화되지 않고,
바뀌지도 않습니다.

이 자리가 바로 이야기 이전의 삶입니다.

그리고 이 자리는 언제나
지금,
여기,
이미 있습니다.

천천히 속삭여 보세요.
"나는 지금 존재한다.
어떤 이야기도 필요 없다."

이것이 바로 벌거벗은 명상입니다.

꾸미지 않고,
설명하지 않고,
해석하지 않는
있는 그대로의 '지금'을 그대로 느끼는 것.

잠시 눈을 감은 채로
모든 '자기 이야기'를
허공에 띄워 보내듯 놓아 봅니다.

그리고 나지막이 마음속에 되뇌어 봅니다.

"지금, 여기에 있음만으로 충분하다."
"나는 더이상 내 이야기가 아니다."

명상 13

후회와 불안의 드라마 종료하기

지금, 아주 깊게 숨을 한 번 쉬어 보세요.
그리고 잠시 멈춰 봅니다.

지금 당신의 안에서
무슨 '드라마'가 상영되고 있나요?

슬픔, 분노, 불안……

그것은 느껴지는 것인가요,
아니면 해석되고 있는 것인가요?

지금 느껴지는 감정은
이야기 없이 존재할 수 있을까요?

'이건 내 잘못이야.'
'나는 또 실패했어.'
'왜 나는 항상 이런 식일까?'

이런 문장들이 자동 재생되고 있다면,
그것은 생각의 드라마입니다.

이 드라마는
고통을 설명하지만
고통을 해결하지는 않습니다.

잠시 그 이야기를 멈춰 봅니다.

스크린에서 눈을 떼듯,
생각에서 주의를 거둡니다.

그리고 조용히 느껴 보세요.

"이야기를 내려놓은 채
지금 이 감정 자체를 느낄 수 있을까?"

감정은 문제가 아닙니다.
감정은 일시적인 파도일 뿐입니다.

그 파도 안에 휩쓸려 들어가지 말고
바다로 돌아오세요.

"지금 이 감정 속에 '나'라는 주인공은 꼭 있어야 할까?"

그저 숨 쉬세요.

감정은 지나가고,
알아차림은 남습니다.

이 침묵 속에서 말없이 느껴 보세요.

"나는 이 드라마가 아니다.
나는 지금–여기의 바닥이다."

바닥은 언제나 조용히
여기 있습니다.

명상 14

지금 여기에서 내려놓기

지금, 눈을 감거나 편안한 시선으로 앉습니다.

아주 부드럽게 숨을 들이쉬고, 내쉬며
무언가를 바꾸려는 시도를 잠시 멈춰 봅니다.

당신은 지금 무엇을 쥐고 있나요?

무언가를 이해하려 하고,
상태를 유지하려 하고,
기분을 좋게 만들려는 의지……

그것들을
지금 그냥 내려놓을 수 있을까요?

그냥 놓아 보세요.

아무것도 쥐지 않기.
아무것도 해결하지 않기.

지금 이 순간은
당신의 것이 아니며,

소유될 수 없고,
설명될 수 없습니다.

그것은 붙잡으려는 순간
이미 사라집니다.

그러니 그냥
지나가게 두세요.

소리, 감각, 생각, 감정……

모두가 일어났다가 사라집니다.

이 흐름 속에서
그 어떤 것도 중심이 아닙니다.

중심에 있으려는 나조차
사실은 하나의 움직임일 뿐입니다.

그 모든 것 아래,
그 모든 것 이전에

말없이, 움직임 없이 있는 자리가 있지요.

"나는 지금 아무것도 쥐지 않는다."
"쥐지 않음 속에 평화가 있다."

이 평화는 특별하거나 극적이지 않습니다.

오히려 아주 평범한
지금 이대로 있음입니다.

이 명상은
어디로도 가지 않고,

아무것도 성취하지 않고,
누구도 되지 않는 길입니다.

그것은 바로
지금, 이 알아차림입니다.

천천히 눈을 뜨기 전에
마음속에 이렇게 속삭여 보세요.

"지금은 완전하다.
아무것도 될 필요가 없다.
나는 이미 여기에 있다."

명상 15

지금 이 순간의 충만함

눈을 감고 편안히 앉거나, 눈을 뜬 채
조용히 이 공간을 느껴 보세요.

어떤 것을 '얻기' 위해 이 자리에 앉지 않아도 좋습니다.
지금 이 앉아 있는 순간 자체가
완전한 하나의 삶입니다.

당신의 숨소리, 주변의 소리,
피부에 닿는 공기의 감촉……

이 모든 것이
지금 여기에서
'하나의 움직임'으로 존재합니다.

감각이 떠오릅니다.
생각도, 감정도 떠오릅니다.

그리고 그것들은
마치 물 위에 그린 그림처럼
나타났다가는 이내 사라집니다.

당신은 그것들을 붙잡을 필요도,
의미를 부여할 필요도 없습니다.

지금 이 순간이
물 위에 그린 그림 같다면,
그 사라짐 속의 아름다움을 느껴 보세요.

매 순간은
덧없지만 생생합니다.

그것은 결코 저장되지 않고,
결코 다시 반복되지 않습니다.
그 안에 진정한 자유가 있습니다.

"나는 지금,
이 찰나의 그림을 그립니다.
그리고 그것이 사라져도 괜찮습니다."

지금 이 순간은
결코 이전 순간과 같지 않습니다.

따라서 매 순간은
처음이며 마지막입니다.

그리고 이 순간에 완전히 있을 때,
당신은 삶을
있는 그대로 살아냅니다.

"모든 것이 사라지기에
지금이 더욱 완전하다."

명상 16

그냥 멈춤

지금,
조용히 눈을 감습니다.

그리고 한 번
깊이 숨을 들이마시고,
천천히 내쉽니다.

지금 이 순간,
당신은 무엇을 하려 하나요?

'명상하려고',
'평온해지려고',
'깨닫기 위해'

그 모든 시도조차
지금은 멈춰도 괜찮습니다.

지금, 아무것도 하지 마세요.

멈추세요!

더이상 쌓을 것도 없고,
더 알아야 할 것도 없습니다.

'나는 누구인가?'라는 질문조차
지금은 던질 필요가 없습니다.

그냥 멈추세요.

생각이 떠오르면,
그냥 알아차리세요.

붙잡지도, 밀어내지도 마세요.

당신은 이미

생각이 일어나는 공간입니다.

감정이 있다면 그대로 두세요.
감정은 당신이 아닙니다.

감정은 오고 가고,
당신은 그 알아차림입니다.

지금 이 알아차림 속에서,
무언가가 부족한가요?

당신은 지금 여기 있고,
그 사실은 더할 나위 없이 분명합니다.

더이상 찾을 것도,
바꿀 것도,
이해할 것도 없습니다.

이 멈춤 속에,
진실은 이미 드러나 있습니다.

"나는 여전히 존재한다.
그 어떤 상태 없이도."

잠시, 이 멈춤을 완전히 허용해 보세요.

멈춤.
그냥 존재.
끝.

명상 17

반복되는 과거의 상처에서 벗어나기

지금, 편안히 앉거나 누워 보세요.

몸에 일어나는 감각을 가볍게 느껴 보며
한두 차례 깊게 숨을 들이쉽니다.

당신 안에서
고통스러운 감정이 일어났을 때―

분노, 외로움, 두려움,
버려짐, 억울함……

그 모든 감정은
과거의 경험이 지금 이 순간에 되살아난 것입니다.

그것을 느껴 보세요.

어떤 에너지인가요?
어디에서 가장 강하게 느껴지나요?

그 에너지에 말 걸지 말고, 해석하지 마세요.
그냥 느껴 보세요.

"이 감정은 '나'가 아닙니다.
이것은 하나의 에너지입니다.
나는 그것을 보고 있습니다."

감정이 작동할 때,
당신의 에고는 이야기를 만들어 냅니다:

"나는 상처받았어."
"그 사람은 나를 무시했어."
"이 감정은 너무 오래갔어."

이 모든 생각도 고통의 일부입니다.

그 이야기에 휘말리는 대신,
몸 안에서 감정의 에너지로 존재하는 그것을 느껴 보세요.

아무것도 바꾸지 않으면서,
깊은 침묵 속에서 그것을 지켜보세요.

지금, 그것이 작동하고 있는 것을 알아차리는 알아차림이
바로 '빛'입니다.

"나는 감정이 아니다.
나는 그것을 비추는 의식이다."

감정은 점차 조용해지거나,
혹은 계속될 수 있습니다.

하지만 그것은 더이상 당신을 지배하지 않습니다.

당신은 감정 위에 존재하는,
이미 자유로운 존재입니다.

"감정은 왔다가 간다.

나는 그 모든 것의 공간이다."

"나는 이 고통을 바라볼 수 있다.
그것은 내가 아니라,
내가 비추는 것일 뿐이다."

"지금, 나는 깨어 있다."

명상 18

불안, 두려움, 무기력함이 밀려올 때

잠시 조용히 앉거나 누워서
눈을 감고, 호흡을 가볍게 느껴 보세요.

몸 어딘가에서 불편함이 느껴지나요?

그것은 감정일 수도 있고, 긴장일 수도 있습니다.
그리고 질문해 봅니다.

"이 감정이 '없어져야만'
나는 평화로울 수 있을까?"

이제는 그 감정을 없애려는 노력 없이,
단지 이렇게 속삭입니다.

"어서 와.
여기에 있어도 괜찮아."

그 감정이 원하는 것은
당신의 판단이 아니라,
당신의 따뜻한 관심입니다.

지금 당신은
그 감정을 '고치려고' 하지 않습니다.

그저 함께 앉아 주고 있습니다.

고통, 불안, 외로움, 무기력……

어떤 감정이든
"나는 너를 느낀다.
나는 너와 싸우지 않는다."

그것이 사라지지 않아도 좋습니다.
당신은 그 감정보다 넓은 공간입니다.

마치 사랑하는 이가
상처 입고 돌아온 듯이,
당신은 그 감정을
포용할 수 있습니다.

잠시 말없이
그 불편함과 함께 있어 보세요.

지금, 이 순간에도
당신은 살아 있고,

그 어떤 감정도
당신의 존재를 위협하지 못합니다.

이 순간은 완전합니다.

감정이 있어도, 없어도.
지금 이 자리,

바로 이곳과 사랑에 빠질 수 있다면
자유는 이미 시작된 것입니다.

명상 19

지금 이대로 쉼

지금, 조용히 앉거나 누워서
눈을 감고 숨을 천천히 들이마십니다.

오늘 하루,
당신은 얼마나 많은 것을 '하려고' 애썼나요?
얼마나 많은 감정을 '처리하려' 애썼나요?

지금은 그 모든 애씀을
조용히 내려놓는 시간입니다.

"괜찮아.
지금 이대로 괜찮아."

당신 안에 있는
불편한 감정, 긴장, 저항……

모두가 지금 쉴 자리를 찾고 있습니다.

숨을 한 번 더 깊이 들이마시고
내쉬며 이렇게 속삭입니다.

"나는 고칠 필요가 없다."
"나는 그냥, 느껴질 필요가 있다."

감정이 올라오면,
그것을 밀어내지 말고 느껴 보세요.

그것은 문제가 아니라, 움직이는 에너지입니다.

쉼이란 감정이 사라지는 것이 아니라,
그 감정과 함께 있어 줄 여유입니다.

당신은 감정보다 넓은 존재입니다.
생각보다, 이야기보다 더 깊은 공간입니다.

"이 순간, 나는 아무것도 해결하지 않아도 괜찮아."
"지금 이대로 쉼이다."

그리고 가만히 느껴 보세요.

당신의 존재 깊은 곳에서
조용한 평온이 이미 흐르고 있음을.

지금 이 순간 자체가 쉼입니다.

아무것도 더할 필요 없는
있는 그대로의 삶의 숨결.

당신은 그것과 하나입니다.

당신은 지금,
이미 충분히 쉬고 있습니다.

명상 20

추구자로부터 자유로워지기

지금, 눈을 감고
호흡을 느껴 보세요.

하지만 이 호흡은
당신이 '하는' 것이 아닙니다.

그것은
그저 일어나고 있습니다.

지금 이 감각들,

몸의 느낌,
소리,

온기,

모든 것은 그냥 이렇게 있습니다.
그 어느 것도 바뀌어야 할 필요가 없습니다.

이 순간은 당신의 삶이 아닙니다.
이 순간은 그저 삶 그 자체입니다.

"나는 지금 명상 중이다."
"나는 깨달음을 향해 가고 있다."

그런 생각조차도 그냥 떠오르는
내용일 뿐입니다.

당신은 관찰자도 아닙니다.
당신은 노력하는 존재도 아닙니다.

지금 이 순간의
이 모든 것

그것이 당신입니다.

하지만 동시에,
'당신'이라는 개체는 없습니다.

단지 이 '있음'만 있습니다.

새가 지저귀고,
숨이 흐르고,
생각이 오고,
감정이 흘러가고,

모든 것이 저절로 일어나고 있습니다.

이 자리에 어떤 중심도 없습니다.
이 자리에 어떤 '주인'도 없습니다.

모든 것이 그저 있는 그대로 존재할 뿐.

고요는 그것이 아닙니다.
생각도 그것이 아닙니다.

모든 것과 아무것도 아님이

동시에 펼쳐지는 이 자리

그것이 바로 있는 이대로입니다.

2부

묻고 답하고

1. 자나 깨나 한결같은 것

문 꿈도 없는 깊은 잠에 들었을 때, 자신의 자아의식, 자아감각을 느꼈습니까?

답 아니요.

문 자아의식, 자아감각을 느끼지 못했다는 것을 어떻게 아셨습니까?

답 …….

문 지금 자신의 자아의식, 자아감각이 느껴지십니까?

답 예.

문 자아의식, 자아감각을 느끼는 그것은 무엇입니까? 자아의식,

자아감각은 깨어 있을 때는 느껴지다가 잠이 들면 느껴지지 않습니다. 그러나 그러한 자아의식, 자아감각을 느끼는 '그것'은 자나 깨나 늘 있지 않습니까? 그것이 무엇입니까?

답 ……, ……, 아!

2. 모든 것은 의식 속에

(멀리서 개 짖는 소리가 들린다.)

문 지금 저 개 짖는 소리가 들립니까?

답 예, 들립니다.

문 저 소리와 저 소리를 듣는 자기 자신이 분리되어 있습니까?

답 음……. 예, 개 짖는 소리와 그 소리를 듣는 저 자신은 분리되어 있는 것 같습니다.

문 왜 그렇게 느껴지시죠?

답 왜냐하면 개 짖는 소리는 저기(손가락으로 창밖을 가리키며) 있고, 저는 여기(손가락으로 자신의 신체를 가리키며) 있기 때문입니다.

문 눈을 감아 보세요.

답 (눈을 감는다.)

문 개 짖는 소리가 눈앞을 가득 채우고 있는 어둠 바깥에서 들리나요?

답 음······. 아니요, 개 짖는 소리는 눈앞의 어둠 속에서 들립니다.

문 그렇다면 그 소리를 듣고 있는 자기 자신은 어디에서 느껴지나요?

답 어······, 저 역시 눈앞의 어둠 속에서 느껴집니다.

문 밖에서 들리는 개 짖는 소리와 그 소리를 듣고 있는 자기 자신 사이에 뚜렷한 경계선이 있습니까? 다시 말해서, 그 둘이 분리되어 있나요?

답 소리와 저 자신 사이에 경계선이라고 할 만한 것은 뚜렷이 느껴지지 않습니다.

문 소리와 당신은 당신 눈앞의 어둠 속에 함께 있지 않나요? 뚜렷한 경계선 없이 하나로 이루어진 어둠의 공간 속에서 두 개의 대상으로 소리와 자기 자신이 경험되지 않나요?

답 ……, 그러네요.

문 개 짖는 소리는 소리 없는 의식의 공간을 배경으로 나타났다 사라지지만, 소리 없는 의식의 공간은 그대로 남아 있습니다. 당신 자신의 느낌 역시 느낌 없는 동일한 의식의 공간에서 끊임없이 변화하며 나타나고 있고, 잠이 들면 이 느낌 없는 의식의 공간 속으로 용해되고 말 것입니다. 결국, 이 이음매 없는, 분리 없는 의식의 공간(이 방편의 말에 너무 신경 쓰지 마십시오.)만이 새롭게 나타나지도 않고 결코 사라지지도 않으면서 삶의 다양한 경험을 수용하고 있습니다.

3. 대상이 없는 순수 의식

문 지금 자기 자신의 신체가 느껴지십니까?

답 (잠시 있다가) 예.

문 (컵을 들어 보이며) 이 컵이 느껴지십니까?

답 이것이 느낌인지는 잘 모르겠지만 컵이 그냥 보입니다.

문 생각으로 판단하지 마시고 그저 단순하게 느껴 보십시오.

답 ……. 예, 컵이라는 대상이 지각됩니다.

문 다시 한번 자신의 신체를 느껴 보십시오. 그리고 컵을 느껴 보십시오.

답 …….

문 자기 신체와 컵이 잘 느껴지십니까?

답 예.

문 자기 신체를 느끼는 '것'과 이 컵을 느끼는 '것'이 다른가요?

답 아니요, 뭐라고 부를지 모르겠으나 저 자신을 느끼는 '것'과 컵을 느끼는 '것'은 하나로 같습니다.

문 그렇다면, 자기 신체도 아니고 컵도 아닌, 그 두 가지 대상을 느끼는 '그것'을 느껴 보십시오. 뭔가가 느껴지십니까?

답 (잠시 있다가) 글쎄요, 딱히 느껴지는 것이 없습니다.

문 느껴지는 것이 없다는 그것은 무엇인가요?

답 ???

문 느껴지는 대상, 자기 신체나 컵 같은 대상은 없지만, 느끼는 '그것'은 있다는 말씀 아닌가요?

답 ……, 예.

문 그것이 혹시 대상이 없는 의식, 순수 의식, 텅 빈 알아차림의 성품, 공적한데 신령하게 아는 성품, 알아차림 그 자체가 아닐까요?

답 !!!

4. 지금 여기, 현존, 알아차림, 참나

문 (컵을 들어 보이며) 이것이 보이십니까?

답 예.

문 보이는 컵 말고 그것을 보고 있다는 것, 너무 당연하고 단순한 지금 이 순간의 느낌을 느껴 보십시오.

답 …….

문 (볼펜을 들어 보이며) 이것이 보이십니까?

답 예, 물론입니다.

문 아까 보았던 컵 대신 이번엔 볼펜을 보고 있습니다. 보이는 대상인 컵과 볼펜은 달라졌지만, 그것들을 보고 있다는 것, 그 본다는 경험이 달라졌나요?

답 아니요.

문 특별한 대상을 보고 있지 않을 때도 그 본다는 경험은 동일하지 않은가요?

답 예, 그렇군요.

문 (좌종을 땡~ 치며) 이 소리가 들리십니까?

답 예.

문 (다시 컵을 들어 보이며) 이 컵이 보이십니까?

답 예.

문 종소리를 듣는 자리와 컵을 보는 자리가 서로 다른가요?

답 자리요?

문 자리라는 말에 너무 신경 쓰지 마십시오. 그저 경험이 일어나는 공간, 장소 같은 것을 말하는 겁니다.

답 음, 종소리를 듣는 곳도 지금 여기고, 컵을 보는 곳도 지금 여기니까 결국 같은 자리라고 할 수 있겠네요.

문 한 걸음 더 나가 봅시다. 들리는 종소리 말고, 종소리를 듣는다는 경험과 컵을 본다는 경험, 즉 '듣고 있음'의 느낌과 '보고 있음'의 느낌이 다른가요? (다시 좌종을 땡~ 치고 컵을 들어 보인다.)

답 (한참 귀 기울여 듣고 주의를 집중해 보다가) 보고 들리는 대상 말고, 그 대상을 본다는 경험이나 듣는다는 경험은 말만 다를 뿐, 실제로는 하나의 경험이네요.

문 보이는 대상이 사라져도 보는 자리, 본다는 경험 자체는 사라지지 않습니다. 들리는 소리가 사라져도 듣는 자리, 듣는다는 경험은 온전히 그대로 있습니다. 그리고 보는 자리와 듣는 자리, 본다는 경험과 듣는다는 경험은 말씀하신 대로 말만 다를 뿐 동일한 경험입니다.

답 예.

문 이 경험(손가락를 들어 보였다가 딱~ 하고 손가락을 튕기며)을 뭐라고 부를 수 있을까요?

답 (한참 생각하다가) 지금 여기?

문 또?

답 지금 여기 있음? 아, 현존?

문 또?

답 의식? 앎? 알아차림?

문 좋습니다. 또?

답 …….

문 잘하고 계십니다. 이 경험을 또 뭐라고 부를 수 있을까요?

답 (다시 한참 생각하다가) 글쎄요, 마땅한 말이 떠오르지 않는군요.

문 '나'는 어떨까요?

답 아!

문 보이는 대상 따라 오지도 않고, 들리는 대상 따라 가지도 않고, 언제나 바로 지금, 바로 여기라는 직접적이고 절대적인 느낌, 모든 대상을 의식하고 있고, 알아차리고 있는 너무나 단순하면서도 당연한 경험!

답 그렇군요. 그래서 '참나'라는 말을 쓸 수 있군요.

문 (미소)

5. 끝없는 변화 가운데 결코 변하지 않는 것

(60대쯤으로 보이는 남성에게 물었다.)

문 선생님께서 10살이었을 때의 키와 지금의 키는 같습니까, 다릅니까?

답 다릅니다. 10살 때는 (손으로 자신의 가슴 근처를 가리키며) 요만 했는데, 지금은 (자신의 머리 근처에 손을 올리며) 이만 합니다.

문 그럼 10살 때의 몸무게와 지금의 몸무게는 어떻습니까?

답 당연히 달라졌지요. 한 40킬로그램이나 됐었나? 지금은 70킬로그램이 넘습니다.

문 그 나이 때 자주 했던 생각이나 자주 느꼈던 느낌을 지금도 똑같이 하거나 느끼십니까?

답 아니요. 그때는 친구들이랑 구슬치기, 딱지치기, 말뚝박기 하며 노는 생각이나 만화책이나 동화책에서 봤던 일들을 자주 생각하며 즐겁고 유쾌한 기분을 자주 느꼈던 것 같은데, 이 나이가 되고 보니 자식 걱정이나 노후 생활, 주위의 아픈 친구들 생각이 자주 떠오르니 좀 쓸쓸하기도 하고 허전하기도 하고 그렇습니다.

문 그때의 세상이랑 지금의 세상은 어떤가요?

답 아이구, 상전벽해(桑田碧海)지요. 우리나라가 이렇게 잘살게 될 거라고는 그때는 상상도 못했습니다.

문 10살 때와 지금을 비교하면 키도, 몸무게도, 생각과 느낌도, 외부 세계도 다 달라졌습니다. 그런데 10살 때도 지금도 선생님 자신은 변함 없는 '나' 자신이죠?

답 물론입니다.

문 모든 것이 다 변하고 달라졌는데 어째서 '나'는 여전히 똑같은 '나'라고 할 수 있지요? 그 변함없는 '나'는 무엇일까요?

답 …….

문 이 몸일까요?

답 아니요, 분명히 몸은 변함없는 '나'가 아닙니다. 성장 과정을 통해 끝없이 변했거든요.

문 그럼 마음, 생각이나 감정 같은 정신인가요?

답 그럴 것 같지만, 어떤 생각도, 감정도, 욕망도, 느낌도 변함없이 고정되어 있는 것이 아니라 상황에 따라 끊임없이 변했으니 그것도 아닌 것 같습니다.

문 보통 자기 자신이라고 믿는 이 몸과 마음은 우리의 실제 경험상 끝없이 변하는 것이므로 시간이 아무리 흘러도, 공간이 어떻게 바뀌어도 그와 상관없이 변함없는 '나'라는 느낌의 근거가 될 수 없을 것입니다. 그런데 우리들의 직접적인 경험을 통해 그러한 변화와 상관없는, 그러한 변화에 영향받지 않는 '나'가 있다는 느낌은 분명합니다. 그렇지 않습니까?

답 예, 그렇습니다.

문 그 변함없는 '나'는 누구, 또는 무엇일까요?

답 (한참 생각하다가) 아무리 생각해 봐도 도무지 모르겠습니다.

문 어떤 생각으로도 잡을 수 없고, 어떤 느낌으로도 분별할 수 없지만, 분명히 그때와 지금의 변화를 아는 것은 있지요?

답 예, 있습니다.

문 그것이 뭔지 모르겠지만 그것이 있다면 언제, 어디에 있어야 합니까?

답 글쎄요, 잘 모르겠습니다.

문 그 대답은 생각에서 나온 것입니다. 어려운 문제를 회피하는 생각의 전형적인 방법입니다. 다시 한 번 묻겠습니다. 10살 때를 떠올려 보십시오. 언제, 어디서 떠올립니까?

답 ……, 그거야 지금 여기서 떠올리는 것 아닙니까?

문 자신의 몸을 느껴 보십시오. 언제, 어디서 느끼십니까?

답 지금, ……, 여기서요.

문 10살 때의 기억과 지금 몸의 느낌이 별개의 시간과 공간에서 경험됩니까? 말하자면 10살 때를 기억하면서 지금 몸의 느낌을 느낄 수 있지 않습니까? 10살 때의 기억을 떠올리는 곳에서 지금의 몸을 느끼지 않습니까?

답 그러네요?

문 그렇다면 어떤 상황에서도 늘 변함없는 '나'는 결국 무엇일까요?

답 지금……, 여기……?

문 그 대답을 하기 이전부터 늘 변함없이 있어 왔고, 변함없이 지금 있고, 앞으로도 변함없이 있을 지금 여기에, 지금 여기로 있으십시오.

답 ……. (남성의 눈가에 어느새 눈물이 맺혔다.) 예, 감사합니다.

6. 알아차림에 대한 알아차림

문 제가 무엇을 가리키고 있는지 아시겠습니까?

답 예, 무슨 말씀을 하시는지는 알겠습니다만, 그것을 머리로만 이해하는 것 같습니다.

문 머리로만 이해한다는 게 무슨 뜻이죠?

답 그러니까 이해는 하겠는데, 그것을 체험한 것 같지는 않습니다.

문 당신께서 말씀하시는 체험이란 어떤 것인가요?

답 뭔가 확 하고 와닿는 게 없다고 할까요?

문 뭔가가 확 하고 와닿는다고요?

답 예, 보통 사람들이 깨달음을 체험한다고 하지 않습니까? 눈앞이 생생해진다고도 하고, 우주와 하나가 되었다고도 하고…….

문 아, 뭔가가 느껴지는 그런 체험을 말씀하시는 거죠? 무엇을 말하는지는 알겠는데, 그것을 깨달았다는 실감 같은 게 나지 않는다는 말씀이시죠?

답 예.

문 (상대의 무릎을 툭 치며) 이것이 느껴집니까?

답 예.

문 어떻게 느꼈지요?

답 (어리둥절해하며) 그냥…… 느꼈습니다.

문 (상대의 무릎을 다시 툭 치며) 무엇이 이것을 느꼈지요?

답 (더 어리둥절해하며) 글쎄요, 마음? 의식? 알아차림?

문 예, 좋습니다. 보통 깨달음이라고 하면 그 마음, 의식, 알아차림 따위를 깨닫는 것이 아니겠습니까?

답 예, 그렇지요.

문 (다시 한번 무릎을 툭 치며) 이것을 느끼는 그것이 마음, 의식, 알아차림일 테니까 이 느낌을 아는 그 마음, 의식, 알아차림 자체를 느껴 보십시오.

답 (곰곰이 생각하고 있다.)

문 (다시 한번 무릎을 툭 치며) 분명히 지금 이 느낌을 느끼고 있습니다. 그런데 이 느낌 말고 이 느낌을 느끼는 '그것', 마음, 의식, 알아차림 자체를 느껴 보십시오. 무엇이 느껴집니까?

답 (잠시 머뭇거리다 자꾸 무엇이 느껴지느냐고 추궁하니까) 아무것도 안 느껴집니다.

문 분명히 아무것도 안 느껴지지요? 그런데 안 느껴진다는 것은 무엇으로 느낀 것입니까? 그리고 무엇을 느낀 것입니까?

답 ???

문 안 느껴진다고 본인 스스로 말했는데 무엇을 가지고 무엇을 느꼈기에 안 느껴진다고 말씀하셨냐 이 말입니다.

답 (어리둥절 당황한다.)

문 (다시 한번 무릎을 툭 치며) 이 느낌은 새롭게 와닿은 대상이기에 느낄 수, 의식할 수, 알아차릴 수 있었습니다. 그런데 이 느낌을 느끼고 의식하고 알아차리는 마음, 의식, 알아차림 자체는 이미 그리고 늘 있었고, 지금 있으며, 앞으로도 변함없이 있을 것입니다. 그것을 무엇으로 알 수 있을까요?

답 (쉽게 답하지 못하고 머뭇거린다.)

문 모든 대상을 느끼고 의식하고 알아차리는 마음, 의식, 알아차림은 오로지 그 자신인 마음, 의식, 알아차림으로만 느끼고 의식하고 알아차릴 수밖에 없지 않습니까?
우리가 깨달아야 할 것은 마음, 의식, 알아차림 자체이지 그 마음, 의식, 알아차림의 대상인 특별한 느낌 따위가 아닙니다. 그래서 '마음을 가지고 마음을 찾는다', '의식이 자신의 근원을 비춘다', '알아차림을 알아차림 한다', '회광반조하라', '너 자신을 알라'와 같은 말을 하는 것입니다.
지금 저를 보고 있고, 제 목소리를 듣고 있고, (무릎을 툭 치며) 이것을 느끼고 있고, 자기 자신이 존재한다는 것도 알고 있죠?

답 예.

문 바로 그렇게 보고 듣고 느끼고 아는 그것이 마음, 의식, 알아차림 자체입니다. 그것은 오직 그것으로만 알 수 있는데, 그것은 아는 주체와 알려지는 객체로 나뉠 수 없는 하나 아닙니까?

답 예.

문 오직 자기 하나밖에 없는 것이 어떻게 자기가 자기를 알 수 있을까요? 스스로가 스스로를 아는 수밖에 없지 않습니까? 스스로가 스스로를 아는 것은 아는 것이 없지 않을까요? 좀 전에 느낌을 느끼는 그것을 느껴 보라고 했을 때 아무것도 느껴지지 않는다고 말씀하신 것처럼 말입니다. 그런데 아무것도 느껴지지 않는다는 것도 느낀 것 아닙니까?

답 예? 무슨 말씀이신지……?

문 모든 대상을 아는 마음, 의식, 알아차림이 자기 자신을 경험하게 되면, 자기 자신은 둘이 될 수 없고 대상이 아니기 때문에, 오직 마음뿐, 의식뿐, 알아차림뿐이지 않겠습니까? 아무 대상이 없는 깨끗한 마음, 아무 대상이 없는 순수한 의식, 아무 대상이 없는 텅 빈 알아차림….

답 아……!

문 그것이 마음이 마음을, 의식이 의식을, 알아차림이 알아차림을 경험하는 체험입니다.

답 아……!

7. 지금 이 자리

문 (손가락을 들어 보이며) 이것이 어디에서 경험되십니까?

답 (황당하다는 듯) 바로 지금 제가 있는 여기서 경험됩니다.

문 (손가락을 딱! 튕기며) 이것은 어디에서 경험되십니까?

답 그 소리 역시 지금 제가 있는 여기서 경험됩니다.

문 (상대방의 무릎을 탁! 치고) 이것은 어디에서 경험되십니까?

답 지금 제 몸에서 경험됩니다.

문 그렇다면 당신의 몸은 어디에서 경험됩니까?

답 어……, 지금 제가 있는 여기……

문 지금 여기 있는 몸이 어디서 경험되냐고 물었습니다.

답 (눈동자가 조금 커지며) 지금 여기요…….

문 지금 여기의 경험은 어떻습니까?

답 (뭐라고 말을 하려 하지만 쉽게 말하지 못하고 머뭇거린다.)

문 (손가락을 들어 보이고, 손가락을 딱! 튕기고, 상대방의 무릎을 탁! 치며) 바로 지금 여기, 이 자리! (그러고는 큰 소리로) 아~악!

답 (눈동자가 매우 커진다.)

8. 나는 누구인가?

문 당신은 지금 어떤 경험을 하고 있습니까?

답 이렇게 선생님과 마주 앉아서 이야기를 나누고 있습니다.

문 저의 모습을 보고, 저의 목소리를 듣고, 자기 자신의 신체 감각을 느끼고, 자신의 의식 속에서 생각이 떠오르는 것을 알고 계시죠?

답 물론입니다.

문 '무엇'이 있어 보고, 듣고, 느끼고, 생각하는 걸까요?

답 '나'가 있어 보고 듣고 느끼고 아는 것 아닙니까?

문 그 '나'를 찾아보십시오. 그것이 어디 있나요?

답 아무래도 저는 이 몸이 '나'인 것 같습니다.

문 느껴지는 몸이 모든 것을 느끼는 주체로서의 '나'일까요? 느껴지는 몸은 감각의 대상이 아닌가요? 깊은 생각 속에 빠져 있거나 위급한 순간, 아니면 졸도하거나 깊은 잠에 들었을 때, 부분이나 전신 마취에 들었을 때도 신체 감각의 일부 또는 전부가 사라지지 않습니까? 죽은 사람도 몸이 남아 있으니 '나'가 있는 것인가요? 잘 살펴보십시오.

답 그러고 보니 몸은 '나'에 의해 관찰되는 대상 같습니다. 그래서 부처님께서도 신념처(身念處)를 말씀하시면서 몸은 무상하고 괴로움이고 무아라고 하셨나 봅니다.

문 이 몸이 '나'가 아니라면 '무엇'이 '나'인가요?

답 생각과 느낌, 기억과 감정 따위가 있는데, 이것 역시 이제껏 '나' 자신과 동일시해 왔지만, 몸과 마찬가지로 의식되고 지각되는 대상에 불과하군요.

문 잘하고 계십니다. 더 탐구해 보세요. '나'가 어디 있나요? '나'는 '무엇'인가요?

답 영혼이나 순수 의식, 마음, 불성 같은 것은 아닐까요?

문 선생님, 그것들이 선생님의 직접적인 관찰이나 경험, 체험에서 발견되나요? 혹시 어디선가 듣거나 읽은 개념은 아닌가요?

답 (곰곰이 생각한다.) 예, 그렇군요. 그 모든 것은 실제로 확인된 바 없는 관념에 불과하군요.

문 탐구를 계속해 보십시오. 지금 당신은 보고, 듣고, 느끼고, 압니다. '무엇'이 그렇게 하고 있습니까?

답 (한참 생각하다) 보고, 듣고, 느끼고, 아는 '무엇'이 있다고 하는 순간, 그 '무엇'은 진정한 경험의 주체인 '나'일 수 없겠군요. 그것이 '무엇'이다 하는 순간 그 '무엇'마저 그 '무엇'에 의해 의식되고 지각된 대상일 뿐입니다.

문 잘하고 계십니다. 지금 모든 경험을 보고, 듣고, 느끼고, 아는 사실은 분명히 있지만, 그 경험의 주체로서의 '무엇'은 대상으로는 결코 파악되지 않습니다. 파악된다면 그것은 '무엇'에 의해 의식되고 지각된 대상이기 때문입니다. 그렇다고 그 '무엇'이 아예 없다고도 말할 수 없습니다. 분명 보고, 듣고, 느끼고, 아는 일이 있기 때문입니다. 그 '무엇'을 하나의 대상으로 알려고 하지 말고 모르려고도 하지 말고, 이 있다고도 없다고도 할 수 없는 '무엇' 자체로 그저 있어 보십시오. (잠시 가만히 있다가) 자, 이럴 때 어떻습니까?

답 아무 아는 것도, 느껴지는 것도 없지만, 바로 그 아무 내용이 없는, 텅 빈 허공 같은 느낌이랄까? 아니, 어떤 느낌은 아니지만 부정할 수 없는 어떤 절대적인 존재감이랄까, 모든 경험을 의식하고 있는 광활한 허공 같다고밖에는 말할 수 없는 직접적인 느낌이 있습니다.

문 그것을 하나의 대상으로 바라보지 마시고, 그것 자체로 그저 존재하십시오. 아무 노력하지 않아도 모든 경험을 저절로 보고, 듣고, 느끼고, 아는 그것 자체로 있어 보십시오.

답 …….

9. 절대성과 상대성

문 당신은 자신의 신체를 느낄 수 있습니까?

답 예.

문 당신은 자신의 신체를 둘러싼 현실, 시공간을 느낄 수 있습니까?

답 (잠시 생각하다가) 예, 그런 것 같습니다.

문 생각으로 확인하려 하지 마시고, 자신의 직접적인 감각, 느낌을 통해 확인해 보세요. 당신은 주변의 현실, 시공간을 의식하고 있습니까?

답 예, 의식하고 있습니다.

문 두 가지 대상, 즉 당신 자신의 신체와 그 주변의 현실, 시공간을 의식할 때의 차이를 알 수 있습니까?

답 뭐라구요?

문 당신 자신의 신체를 느낄 때와 그 주변의 현실, 시공간의 감각을 느낄 때의 차이를 아시겠냐는 말입니다.

답 (한참 말없이 가만히 있는다.) 제 신체 감각은 더 뚜렷하게 의식하고 있는 것 같은데, 주변의 공간? 현실은 의식하고 있는 건지 아닌지 잘 모르겠습니다.

문 정확히 제가 원했던 답을 해 주셨습니다. 자신의 신체 감각이나 다른 객관적 사물 대상들은 비교적 의도적으로, 비교적 또렷하게 의식하거나 느낄 수 있을 겁니다. 그에 비해 주변의 시공간, 현실은 마치 그러한 의식적이고 의도적인 경험의 배경처럼, 사진 찍을 때 뒤에 있는 배경 스크린처럼 특별히 의도를 가지고 의식하지 않아도 이미 자연스럽게 신체 감각이나 다른 대상들을 차별적으로 경험하는 바탕, 토대로 있지 않은가요?

답 (잠시 말없이 있다.) 예, 그렇네요. 제 몸이나 다른 대상들을 의식적으로 경험할 때 그 배경에 언제나 자연스러운 현실의 감각이랄까, 시공간의 현존이 바탕이 되고 있습니다.

문 그 두 경험, 자기 몸을 의식하는 것과 주변의 공간을 의식하는 것이 시간 차가 있습니까? 무슨 말이냐 하면, 몸을 먼저 의식하고 주변의 시공간을 의식합니까? 아니면 주변의 시공간을 먼저 의식한 다음에 몸을 의식합니까? 아니면 몸과 주변 시공간을 동시에 의식합니까? 자신의 경험을 말씀해 주세요.

답 제 몸과 그 주변의 시공간을 동시에 의식하고 있는 것 같습니다.

문 당신의 경험을 통해 지금 여기, 이 현실이라는 모든 경험의 바탕이 되는 시공간은 특별히 의식하려 하지 않아도 이미 기본 배경이나 바탕처럼 늘 현존하고 있다는 사실을 알 수 있을 것입니다. 이 불변의 배경 앞에, 또는 그 속에 모든 의식적인 대상들이 상대적으로 뚜렷하게 경험되고 있습니다. 상대적으로 경험되는 대상들은 수시로 바뀌고 변화하지만, 그 대상들의 변화를 변함없이 지탱하고 있는 것은 지금 여기라는, 이 시공간의 현존이라는 절대적인 감각입니다. 이 결코 변함없는 불변의 배경 의식과 인연 따라 수시로 변하는 상대적인 분별 의식은 한 덩어리의 마음입니다. 그래서 우리 모두는 끝없는 변화 속에서도 무언가 변하지 않는 것에 대한 감각을, 예를 들어 몸과 마음으로서의 자아는 끊임없이 성장하고 늙고 병들며 변화해 가지만 '나' 자신의 고유 감각 자체는 늘 변함없는 '나'라는, 늘 지금 여기 현존하고 있다는 I AM의 감각으로 존재합니다. 그 변함없는 자리에서 변화를 지켜보십시오. 그게 마음공부입니다.

답 이렇게 자연스러운 것이었군요. 이렇게 당연한 것이고 단순한 것이었군요. 아아, 이렇게 아무것도 아니라니, 그런데도 이것이 전부네요. 모든 것이 이것이라는 말이 실감됩니다. 어떤 변화도 이 불변의 배경을 벗어나 따로 있지 않군요. 감사합니다.

10. 죽음에 대하여

문 선생님, 사람이 죽으면 어떻게 되나요?

답 사후 세계는 일단 내버려 두고 죽음 자체를 탐구해 봅시다.

문 죽음 자체요?

답 당신은 죽음을 경험해 보았습니까?

문 질문의 뜻을 잘 이해하지 못하겠습니다. 저 자신의 죽음은 아직 경험해 보지 못했으나 가까운 친지나 친구, 수많은 타인의 죽음은 경험했습니다.

답 제 질문의 의도는 죽음이라는 것이 경험적 사실인지 관념적 추상인지 확인해 보자는 것입니다.

문 관념적 추상이요?

답 당신은 가까운 친지나 친구, 수많은 타인의 죽음을 경험했다고 했습니다. 그 죽음의 경험은 어떤 경험이고, 어떻게 경험했습니까?

문 음, 저희 할머니의 죽음을 예로 들면 제가 아주 어릴 적에 돌아가셨다고 이야기를 들었습니다. 저도 장례식장에 갔다는데 기억이 나지는 않습니다.

답 할머니의 죽음은 직접 경험한 것이 아니라 부모님이나 친지를 통해 이야기를 전해 들은 것이군요.

문 예. 하지만 대학 시절 제 친구의 죽음은 제가 그 과정을 곁에서 직접 지켜보면서 경험한 사실입니다. 가장 친했던 친구 하나가 젊은 나이인데도 피지도 못하고 갑작스러운 암으로 뼈만 앙상하게 남은 채로 죽었습니다.

답 가슴 아픈 기억이겠지만, 당신이 직접 경험한 죽음이라고 하니 냉철하게 살펴봅시다. 당신은 가장 친한 친구가 갑작스럽게 암에 걸려서 점점 말라 가다가 결국 사망에 이르는 과정을 지켜보았다고 했습니다.

문 예.

답 외부적 현상으로서 친구의 죽음은 지각되고 인식되었지만, 어디까지나 살아 있는 당신 자신의 의식 속에서 그러한 의식 대상들이 경험된 것 아닙니까? 마치 지금 우리가 서로의 존재와 우리가 있는 공간 속 대상들을 인식하고 지각하듯이 친구의 투병과 사망이라는 현상을 지각하고 인식하고 있었던 것 아닙니까? 쉽게 말해서, 당신의 살아 있는 의식 속에서 친구의 죽음이라는 현상을 경험한 것, 이것을 관념적 추상이라고 부를 수 없을까요? 친구의 죽음은 당신의 살아 있는 의식을 떠나서 존재할 수 없는 정신적 이미지 아닌가요?

문 흠, 뭔가 대단히 복잡하고 헷갈리는 듯한 느낌입니다.

답 아니요. 의외로 단순한 사실입니다. 당신은 저를 경험하고 있습니다. 그렇다면 당신은 살아 있고 의식하고 있습니다.

문 물론 친구의 죽음이 나의 죽음은 아니기 때문에 제 살아 있는 의식 속에서 하나의 현상으로 경험되는 것이라 할 수 있을 것입니다. 하지만 우리 모두는 결국 자신의 죽음을 경험하게 되지 않습니까?

답 (미소 지으며) 정말 그럴까요? 우리가 우리의 죽음을 경험할 수 있을까요?

문 네? 무슨 말씀이시죠?

답 아까 이야기만 전해 들은 할머니의 죽음이든, 직접 목격한 친구의 죽음이든, 죽음이라는 사건이 성립하려면, 그것을 목격하는 의식이 있어야만 하지 않나요?

문 …….

답 그렇다면 자기 자신의 죽음도 그러한 사건이 하나의 경험 현상으로 지각되거나 인식되어야만 경험적 사실이 아닌가요? 그런데 죽음을 경험한다면 아직 살아서 의식하고 있다는 것 아닌가요? 만약 실제로 경험적 사실로 존재하는 것이 아니라 생각이나 신념의 형태로 있다면, 그것이야말로 관념적 추상, 즉 허상 아닐까요?

문 ……. 제가 죽었기 때문에 경험하지 못하는 것 아닐까요?

답 경험하지 못한다는 것도 경험이 아닌가요? 경험하지 못하는 줄 알아야 경험하지 못한다는 분별을 할 수 있는 것 아닌가요? 실제로 경험하지 못한다는 경험 없이 경험하지 못한다고 말한다면, 그러한 진술은 아무 증거가 없는 관념이나 신념에 지나지 않는 것 아닌가요?

문 글쎄요, …… 지금 뭐라고 말할 수 없는 혼란에 빠진 듯한 기분입니다.

답 천천히 탐구해 보세요. 실제로는 경험할 수 없고 다만 현상에 대한 생각이나 신념의 형태로만 존재하는 것은 경험적 사실, 즉 실재가 아닙니다. 명백히 관념적 추상, 허상입니다. 이 사실을 명백히 볼 수 있을 때 인간이 생래적으로 가져온 죽음의 공포, 자기 소멸과 자기 상실의 두려움에서 벗어날지도 모릅니다.

3부

당신에게 보내는 마음 엽서

1. 무엇을 찾고 있는가?

우리는 마음공부를 하며 무엇을 찾고 있습니까? 무엇을 갈구하고 있습니까?

맹목적인 추구로 인해, 다급하게 무언가를 좇기 바쁜 나머지 실제로 우리가 무엇을 찾고 있었는지 망각하지는 않았나 돌아볼 일입니다.

우리는 행복, 마음의 평화 같은 것을 찾고 있지 않았나요? 어떤 상황의 변화에도 더이상 흔들리지 않고 불안하지 않은, 그러한 마음의 상태를 찾고 있던 것이 아니었나요?

그러나 역설적이게도 그렇게 맹렬히 찾는 가운데, 그 맹렬한 찾음 때문에, 우리가 그렇게 애타게 찾고 있던 행복이랄까, 마음의 평화는 점점 멀어져 가고 사라지지 않았습니까?

벗이여, 잠시 바로 지금 여기 이 순간, 가만히 있어 보십시오. 숨을 한 번 들이쉬고 내쉬어 보십시오. 그리고 자각하십시오.

당신은 바로 지금 여기 이렇게 있습니다. 어떤 노력 없이 자연스럽게 존재합니다. 애쓰지 않아도 눈을 통해 바깥의 사물이 보이고, 귀에는 주변의 소음이 저절로 들립니다. 자기 육체와 그 주변에서 벌어지는 모든 일이 저절로 자각됩니다.

이 자연스러운 있음을 자각해 보십시오. 이 자연스러운 알아차림으로 그저 있어 보십시오.

마음이 자기 내부나 외부의 어떤 대상으로도 흘러가지 않고, 바로 지금 여기에 자연스럽게 머물러 있게 하십시오.

마음이 정처 없이 떠돌지 않고 바로 지금 여기 자연스럽게 있는 것, 이것이 아무것도 바라는 것이 없는 상태, 행복이 아닐까요? 이것과 저것 사이에서 방황하지 않는 마음의 평화가 아닐까요?

사랑하는 나의 벗이여, 바로 지금 여기에 있으세요. 어떤 생각도 할 필요가 없고, 어떤 노력도 할 필요가 없는 존재의 자연스러운 상태에 머무르세요.

숨을 한 번 들이쉬고 내쉬세요. 그 전체 과정에 완벽하게 현존하는 알아차림을 알아차리세요. 당신이 바로 그 알아차림 자체, 그 존재 자체입니다.

당신은 이미 당신이 가고자 했던 목적지에 도달해 있습니다. 당신은 당신이 그렇게 찾고자 했던 바로 그것 자체입니다. 당신은 시간에 제한되지 않는 영원한 행복, 결코 흔들림 없는 마음의 평화 그 자체입니다.

당신이 바로 당신 자신이라는 이 명백한 경험, 당신은 당신에게 경험되는 하나의 대상으로서의 당신이 아니라, 그 모든 대상을 경험하고 있는 절대의 주체로서 당신입니다. 나는 나일 뿐입니다. 결코 그것일 수 없습니다.

2. 지금 여기 - 1

당신은 지금 여기 있습니다.

당신은 '당신'이라는 개체가 '지금 여기'라는 시공간, 현실 속에 있다고 생각할지 모르겠습니다.

그것이 진실일까요?

이 사실을 찬찬히 살펴봅시다.

'당신'은 '지금 여기'라는 시공간, 현실과 분리되어 있다고 느낄지도 모릅니다. 그 이유는 '당신' 자신이 하나의 대상으로 지각되고 인식되기 때문입니다. 그럴 때 '지금 여기'라는 시공간, 현실은 '당신' 자신이 드러나는 배경으로서 따로 떨어져 있다고 느끼게 됩니다.

이것이 보통 사람들의 평범한 지각과 인식입니다. '당신'이 '지금 여기'라는 시공간, 현실 속에 있다는 분별, '당신'과 '지금 여기'는 별개의 것이라는 생각 말입니다.

조금만 더 세심하게 이 사실을 살펴보기 바랍니다. 너무나 익숙하고 자연스럽게 일어나는 자동화된 분별이기에 미처 살피지 못하고 넘어가는 부분이 있다는 사실을 스스로 깨닫기 바랍니다.

잠시 아무런 생각, 판단, 분별 없이 있어 보십시오. 그저 자연스럽게 존재하십시오. 10초 정도 그 상태로 가만히 있어 보십시오.

자, '당신'을 느껴 보십시오. '당신'이 느껴지실 겁니다. 그러면 '지금 여기'의 시공간, 현실을 느껴 보십시오. '당신'처럼 명확하지는 않지만, 예를 들어 눈앞의 풍광이나 공간의 감각 등 '당신'이 아닌 것들에 대한 지각과 인식이 있을 것입니다.

이 짧은 실험을 통해 무언가 깨달은 것이 없을까요? '당신'과 '지금 여기'가 마음의 움직임, 생각, 분별, 판단을 통해 나뉘어진 것이라는 사실을 당신 스스로 자각할 수 있나요?

잠시 아무런 생각이나 판단, 분별 없이 있을 때 '당신' 자신과 '지금 여기'는 분열되지 않은 채 한 덩어리의 존재 감각, 현재 의식으로 그저 존재하고 의식되고 있었습니다. 그러다가 그 한 덩어리의 존재 감각, 현재 의식 안에서 '당신' 자신과 '지금 여기'라는 마음의 움직임, 생각, 분별, 판단이 일어났습니다.

그런데 그 마음의 움직임, 생각, 분별, 판단의 실체는 무엇일까요? 그것들이 일어나기 이전에 거기 무엇이 있었나요? 예, 맞습니다. 한 덩어리의 존재 감각, 현재 의식만이 있었습니다. 그렇다면 마음의 움직임, 생각, 분별, 판단 역시 본질은 존재-의식입니다.

따로 있는 듯한 '당신' 자신이라는 느낌과 '당신' 자신과 별개로 있는 듯한 '지금 여기'라는 느낌은 서로 떼려야 뗄 수 없는 불가분의 관계로 서로 의지해 있습니다. 그리고 두 별개 느낌의 배경에는 여전히 나뉘어지지 않는 한 덩어리의 존재 감각, 현재 의식이 있습니다.

마치 하얀 바탕의 종이 위에 연필로 '당신' 자신을 그려 놓은 것과 같습니다. 원래 아무것도 없는 하얀 바탕의 종이 위에 '당신' 자신을 그리는 순간, '당신'과 자신이 그려진 하얀 바탕의 종이('지금 여기')는 분리된 것처럼 보입니다. '당신'이 하얀 바탕의 종이('지금 여기') 안에 있는 것처럼 보입니다.

그러나 '당신' 자신의 본질은 원래 하얀 바탕의 종이였습니다. '당신'을 하얀 바탕의 종이('지금 여기')로부터 분리시킨 연필의 선은 명칭, 개념, 감각, 생각으로 이루어진 분별일 뿐으로, 그 역시 하얀 바탕의 종이('지금 여기') 위에서만 존재할 수 있습니다.

그려진 '당신'이 지워져도 원래 있던 하얀 바탕의 종이는 그대로 남아 있습니다. 당신이 깊은 잠 속에서 '당신'이라는 명칭, 개념, 감각, 생각 곧 분별을 할 수 없게 되면 '당신'은 사라집니다. 그러나 다음 날 아침 '당신'이 다시 그려지면(분별되면) '당신'은 어젯밤 깊은 잠 속에서 '당신'이 사라졌었다는 사실을 압니다. '당신'이 없어졌음을 없어졌던 '당신'이 어떻게 아는 걸까요?

'당신' 자신이 실제로는 새롭게 그릴 수도 지워 버릴 수도 없는 하얀 바탕의 종이('지금 여기')이기 때문입니다.

이제 아시겠습니까?

'당신'이라는 별개의 존재가 '지금 여기'라는 시공간의 현실 속에 있는 것이 아닙니다. 당신이 바로 지금 여기입니다.

지금 여기가 바로 당신입니다.

3. 시간 없음

사랑하는 나의 벗이여, 끊임없이 이어지는 현상의 흐름에서 잠시 벗어나 바라보세요.

모든 것은 흘러갑니다.

흘러가는 모든 것은 결코 흘러가 버리지 않는 눈앞에서 낱낱이 목격되고 있습니다.

흘러가는 현상, 대상 경계에 미혹되지 말고, 그것들의 흐름을 지켜보는 '목격자'로 있으세요.

시간은 과거에서 현재를 거쳐 미래로 흐릅니다. 흘러가는 시간은 '시간 없는 지금', 시작도 없고 그리하여 끝도 없는 이 '무시(無時)', 이 '일시(一時)'에서 경험됩니다.

'시간 없는 곳'에서 시간은 흘러갑니다. '지금 이 순간'이 영원입니다.

시간의 흐름 따라 무상하게 변하는 현상으로 향하던 주의를 그것들을 목격하는 '주의' 그 자체로 돌이키세요.

'보고 있음'을 보세요.

어떠한 대상이 아니기에 스스로는 텅 비었지만 생생하게 살아 있는 그 무엇. 생명이랄까? 순수한 의식이랄까? 지금 여기 있음의 느낌이랄까? 앎 그 자체랄까?

아서라, 그 모두가 그 '보고 있음' 속에서 흘러가는 상념의 흔적들일 뿐입니다.

사랑하는 나의 벗이여, 이 '무시(無時)'의 지금에 머물러 있으세요. 이 이별 없는 곳에서 우리 서로 만납시다.

4. 와서 보라

사랑하는 나의 벗이여, 나의 말에 귀 기울여 보세요.

"당신은 지금 눈앞의 세상을 보고 있나요?"

어리석은 질문처럼 들리겠지만, 이 질문에 자신의 직접 경험으로 대답해 보세요.

당신의 눈에 큰 문제가 없다면, 앞서 한 질문에 대해 당신은 자신의 직접 경험을 통해 분명 "예."라고 대답할 것입니다.

다시 질문하겠습니다.

"당신은 '어떻게' 눈앞의 세상을 볼 수 있나요?"

아마 당신은 앞의 질문처럼 경험적 확실성에서 나온 분명한 대답을 하지 못하고 한동안 머뭇거릴지도 모릅니다. '어떻게? 어떻게 눈앞의 세상을 보고 있지?' 하고 생각하느라고. 그렇지 않은가요?

위 질문에 대한 가장 정직한 대답은 "그냥 본다." 내지는 더 정확하게는 "저절로 보인다."라는 말일 것입니다.

짓궂게 느껴지겠지만, 질문을 하나 더 하겠습니다.

"지금 눈앞의 세상을 '누가' 보는가요?"

당신은 앞선 질문보다는 좀더 쉽게 대답할 수 있을지도 모릅니다. 아마 이렇게 생각하면서, "(무슨 소리야? 당연히) 내가 본다."라고.

그런데 다시 한번 신중하게 살펴봐 주기 바랍니다. 진실로 '내'가 보는가요? 앞선 질문에서 눈앞의 세상을 '어떻게' 볼 수 있느냐는 질문에 당신은 어떤 대답을 했나요? "그냥 본다. 저절로 보인다."라고 하지 않았던가요?

마지막으로 질문하겠습니다.

"당신은 지금 눈앞에서 '무엇'을 보고 있는가요?"

아마 어렵지 않게 당신은 눈앞에 있는 다양한 대상 사물들, 상황들, 사건들에 관해 말할 수 있을 것입니다.

그런데 정말 그대는 '무엇'을 보고 있었는가요? 아니면 "무엇'을 보고 있느냐?"라는 질문을 듣자 '그냥 저절로' 보고/보이고 있는 눈앞의 전체 현상 가운데 하나를 고른 것은 아닌가요?

다시 처음 질문으로 돌아갑시다.

"당신은 지금 눈앞의 세상을 보고 있는가요?"

의심의 여지 없이, 당신은 자신의 직접 경험을 통해 분명히 눈앞의 세상을 보고 있습니다. 그러나 그것은 우리가 너무나 오랫동안 말과 개념의 규칙, 생각으로 이루어지는 분별에 익숙한 나머지 사실과 다르게 해석한 것에 불과합니다.

'보고 있음'이라는 말로 나타내려는 직접 경험을 자각해 보십시오. 그저 '보고 있다'는, 그냥 저절로 '보이고 있다'는 경험.

부디 말 말고 그 말이 가리키는 경험을 자각하기 바랍니다. 말은 달을 가리키는 손가락과 같은 것입니다. 손가락을 통해 달을 볼 일이

지, 손가락만 보고 있어서는 달을 볼 수 없습니다.

'보고 있음'은 손가락과 같습니다. 그 손가락이 가리키는 달, 직접 경험을 보았나요? 눈으로 달을 보듯 직접 경험으로 알겠나요? 너무나 자연스러운 '본다'는 느낌. 그것은 어쩌면 지금 여기 '존재한다'는 느낌과 같은 것이 아닐까요?

우리의 오랜 분별로 이 '본다' 또는 '보인다'는 경험을 '내'가 한다고 느끼지만, 그 '나'는, '본다' 또는 '보인다'는 생각할 필요 없는 직접 경험 안에서 일으킨 하나의 생각, 분별이 아닐까요?

"'내'가 '무엇'을 본다."라는 우리의 일상적인 분별은 생각 없이도 그저 '본다'는, 그냥 저절로 '보인다'는 이 직접 경험 속에서 일어난 생각, 분별이 아니냐는 말입니다.

그저 '본다'는, 그냥 저절로 '보인다'는 경험으로 있어 보세요. 생각이 없어도, 애쓰지 않아도 자연스럽게 그냥 저절로 '본다/보인다'.

이것이 뭘까요?

5. 눈앞이 눈앞을 본다

눈앞을 보세요.

나와 세계가 눈앞에 펼쳐져 있습니다. 내 신체와 외부 세계의 잡다한 대상들, 그리고 시간과 공간이 눈앞에서 경험됩니다.

지난 일들을 떠올려 보십시오. 과거의 정신적 이미지 역시 나와 세계, 시공간이 경험되는 눈앞에서 떠오릅니다.

터무니없는 상상이나 미래의 걱정이나 불안한 일들을 떠올려 보세요. 그것들 역시 동일한 눈앞에서 경험될 겁니다.

눈앞에서 경험되는 나 자신이든, 외부 세계든, 시공간이든, 과거나 미래에 관한 상념, 추론, 느낌은 끊임없이 변합니다.

그러나 언제나 늘 변함없이 눈앞에서 경험됩니다. 언제나 늘 눈앞에 있습니다.

경험하는 주관으로서의 눈앞과 경험되는 객관으로서의 눈앞이 모두 하나의 눈앞입니다.

마이스터 에크하르트는 이렇게 말했습니다.
"내가 하나님을 보는 바로 그 눈으로 하나님께서는 나를 본다."

6. 고요히 있으라

　말과 생각이 일어나는 그 순간, 그 말과 생각이 일어나는 자리를 자각해 보십시오. 마치 무심하게 허공을 바라보듯, 말과 생각이 그 안에서 일어나고 그 안으로 사라지지만, 그 스스로는 일어나지도 사라지지도 않는 무한한 침묵의 공간을 바라보십시오.

　(잠시 멈춤)

　밖으로 드러나면 말이고, 안으로 나타나면 생각입니다. 그 말과 생각이 일어나고 사라지는 모든 과정이 그 안에서 일어나는 공간, 그 모든 과정을 빠짐없이 지켜보고 있는 공간을 자각하십시오. 그 공간을 자각하는 유일한 방법은 바로 지금 당장 모든 행위, 판단과 분별, 모색을 멈추는 것입니다.

　(잠시 멈춤)

조금의 시간적, 공간적 격차만 생겨도 그 사이에 말과 생각이 있습니다. 조금의 시간적, 공간적 격차가 없는 순간이 시간을 초월한 영원, 공간을 초월한 무한입니다. 스스로는 어떠한 대상이 아니지만 모든 대상을 그 안에 허용하고 자각하는 의식이자 존재, 존재이자 의식이 바로 그것입니다.

(잠시 멈춤)

오래된 버릇으로 다시 그것을 상대적으로 지각하거나 인식하려 마십시오. 숨을 들이쉬고 내쉬십시오. 숨이 콧구멍으로 들어오기 전의 그 순간, 숨이 콧구멍 밖으로 나간 뒤의 텅 빈 순간, 숨이 들어오고 나가는 전 과정을 허용하고 자각하는 그 공간으로 그저 있으십시오.

(잠시 멈춤)

고요히 있으라. 그리고 내가 곧 신임을 알라.

7. 참된 명상

만약 제가 "당신 자신을 느껴 보세요."라고 말한다면, 당신은 무엇을 느끼십니까?

(잠시 멈춤)

아마 너무나 친숙한 당신 자신의 육체적 감각과 기분, 감정, 생각, 욕구 따위가 느껴지실 겁니다. 맞나요?

그런데 질문을 이렇게 바꾸면 어떨까요?

"당신은 무엇으로 자신을 느끼고 있습니까?"

(잠시 멈춤)

느껴지는 당신의 육체적 감각이나 기분, 감정, 생각, 욕구가 아니라, 그것을 느끼고 있는 것은 무엇인가요?

(잠시 멈춤)

이때 주의할 점은, 그것에 관해 이걸까, 저걸까 생각하거나 판단하는 것이 아닙니다. 그러한 생각과 판단은 느껴지고 있는 무엇이지, 그것을 느끼고 있는 무엇은 아닙니다.

다시 한 번 당신 자신을 느껴 보십시오. 그리고 무엇으로 자신을 느끼고 있는지 살펴보십시오.

(잠시 멈춤)

하나의 대상으로서 지각되거나 인식되지는 않지만, 모든 대상을 지각하고 인식하는 '무엇'이 있습니다. 이 말을 조심하십시오. 대상들을 지각하고 인식하는 '무엇'이라는 표현은 우리의 언어가 가진 관습적인 한계, 모든 것을 대상으로 표현하는 언어적 한계 때문에 그렇게 말할 뿐, 사실 '무엇'이라 할 것은 없습니다.

전통적인 종교에서 무(無), 허(虛), 현(玄), 공(空), 무아(無我)라고 표현하는 것이 바로 '그것'입니다. 현대에 와서는 지금 여기(Here &

Now), 현존(Presence), 앎(Awareness), 존재함(Being), 의식(Consciousness) 등으로 표현하고 있습니다.

텅 빈 앎, 대상이 없는 순수한 앎 그 자체, 앎이 그 앎 자신을 스스로 앎, 지금 여기라는 가장 근본적인 경험의 토대, 자연스러운 존재함의 상태, 시간을 초월한 늘 지금이라는 감각, 텅 비고 고요한 빛과 같은 앎 – 존재, 모든 대상을 그 안에 머금고 있지만 어느 대상에도 구속받지 않는 텅 빈 공간과 같은 의식…….

(잠시 멈춤)

다시 한 번 당신 자신을 느껴 보십시오. 그런 다음 자신을 느끼고 있는 그것을 느껴 보십시오.

(잠시 멈춤)

그 별다른 느낌 없는 느낌 그 자체, 앎의 내용이 없는 앎 그 자체, 의식의 내용물이 없는 순수한 의식 그 자체로 있으십시오. 너무나 자연스러운 지금 여기 이와 같이 존재함의 상태, 모든 상태를 수용하는 상태 아닌 상태로 있으십시오.

이것이 참된 명상입니다.

8. 청정한 본성

　사랑하는 나의 벗이여, 이런 말을 들은 적이 있습니다.

　"이미 투명한 수정을 더 투명하게 닦을 수는 없는 법이다."

　'투명한 수정'이란 청정한 우리 본성에 대한 상징과 비유입니다. 우리의 본성은 이미 참되고 순수하며 더할 나위 없이 깨끗합니다.

　그렇다면 사랑하는 나의 벗이여, 어떤 것이 당신의 청정한 본성인가요?

　이 질문을 듣고 당신은 어떤 일을 벌이나요? '청정한 본성'이라는 말에 해당하는 어떤 대상을 떠올렸나요? 그러한 대상을 의식하기 위해 주의가 움직였나요?

　흔히 사람들은 어떤 말을 들으면 그 말이 가리키는 대상에 관해 생각하거나 그것을 감각적으로 의식하려 합니다.

예를 들어 '사과'라고 하면 '사과'라는 단어와 개념, 이미지, 그와 관련된 기억이나 느낌, 맛을 떠올리거나, 혹시 그것이 주위에 있다면 그 대상을 감각적으로 의식합니다.

'청정한 본성'이라는 말을 듣고, 혹시 '사과'라는 말을 들었을 때 했던 것과 같은 행위를 하지는 않았나요? 그렇게 알고, 이해하고, 느끼고, 알아차리고, 주의 집중하고, 놓치지 않으려고 하는 행위가 '수행'이라는 이름으로 행해지는 모든 것이 아닐까요?

다시 처음 질문으로 돌아갑시다. 나는 당신에게 이렇게 물었습니다.

"그렇다면 사랑하는 나의 벗이여, 어떤 것이 당신의 청정한 본성인가요?"

이 말이 어디에서 경험되나요? 스스로 되뇌어 보세요. 자신의 내면에서 이 질문이 묵독(默讀)될 것입니다. 그 묵독된 음성은 생각입니다.

그런데 그 생각, 묵독된 음성이 나타나는 당신의 내면 공간, 공간 같은 내면이 있을 것입니다. '내면(內面)'이라 말했지만, 그것은 당신 육체 바깥의 공간까지 포함하고 있음을 감지하세요.

질문을 되뇌어 보세요. 누가/무엇이 말하고 있고 누가/무엇이 듣고 있나요? 그 말하고 들음은 어디에서 경험되나요?

그 경험이 일어나는 내면 공간, 또는 공간 같은 내면, 그것이 당신의 본성입니다. 텅 비고 고요한, 모든 경험의 내용을 있는 그대로 수용하는, 존재함 그 자체이자 의식 그 자체. 마치 없는 것처럼 있는, 무한하고 영원한 살아 있음의 공간이 그것입니다.

사랑하는 나의 벗이여, 이 텅 비어 있기에 모든 경험을 있는 그대로 받아들이는, 그렇지만 그 경험에 물들지 않는 이것이 이미 청정한 우리의 본성입니다.

다시 한 번 말하겠습니다.

"이미 투명한 수정을 더 투명하게 닦을 수는 없는 법이다."

9. 지금 여기 - 2

당신은 한평생 몇 번의 지금을 경험했습니까?

(잠시 멈춤)

예를 들어 1초 전의 지금을 경험했다고 하더라도 그 판단은 바로 지금 경험하고 있는 것 아니겠습니까?

수많은 '지금들'이 있었던 것이 아니라 늘 지금만 있는 것 아닌가요?

바로 지금은 새롭게 도달할 수도 없지만, 결코 벗어날 수도 없습니다.

당신은 한평생 몇 번이나 여기에 가 보았습니까?

(잠시 멈춤)

하하하, 이제 길게 설명할 필요가 없을 것 같군요.

당신이 어느 곳에 가든 그곳은 언제나 여기입니다. 이 여기에는 새롭게 도달할 수도 없지만, 어떻게 해도 떠날 수 없습니다.

당신은 언제 어디서나 항상 지금 여기 있습니다. 어쩌면 진정한 당신이 지금 여기라는 너무나 직접적이면서도 친밀한 경험 자체일지도 모릅니다.

당신, 지금, 그리고 여기는 말만 다를 뿐 동일한 경험입니다.

천겁이 지나도 옛날이 아니요, 歷千劫而不古
만세에 뻗쳐 있어도 늘 지금이네. 亘萬歲而今長

10. 침묵의 향기

사랑하는 나의 벗이여, 이리 와 내 옆에 앉으세요. 잠시 내 곁에서 쉬세요.

자신의 들숨과 날숨을 자연스레 자각하고 자기 존재의 감각을 고요히 응시하세요. 이전까지 이어지던 모든 행위의 여운과 생각의 관성이 저절로 쉬어지게 하세요.

자신과 세계가 희미해질수록 상대적으로 고요함과 평온함은 뚜렷해집니다.

과거에서 현재 그리고 미래로 내달리던 생각이 어떤 대상도 좇지 않고 지금 여기 머물 때, 거기 텅 빈 공간, 고요함과 평온함으로 충만한 정적, 침묵의 향기가 피어납니다.

창 너머 비가 내리고 새 몇 마리 어둡게 드리워진 구름 아래로 날

아깝니다.

가을이 깊어지고 있습니다.

11. 불편한 감정의 치유

사랑하는 벗이여, 요 며칠 비가 오고 바람이 몹시 불었습니다. 주변의 모든 것이 습기에 젖어 들면서 행여 묵은 습관처럼 다시 우울과 불안, 그것들로 인한 두려움의 감정에 빠져들지 않았는지 걱정스럽습니다.

티 없이 맑은 하늘에 갑작스레 먹빛 구름이 번져 나가듯이, 아무렇지도 않게 일상을 영위하다가도 불현듯 맞닥뜨리게 되는 부정적인 감정들이 있습니다. 그러면 조건반사적으로 혐오와 공포가 엄습하면서 때로는 분노로 이어지기도 합니다.

이러한 부정적 감정 상태는 고요함과 평온함이라는 존재의 바탕과 단절되게 함으로써 위축, 고립, 배제, 소외의 느낌에 사로잡히게 만듭니다. 하나의 불편한 생각이 불편한 느낌을, 하나의 불편한 느낌이 불편한 생각을 촉발시킵니다. 그리고 불편한 생각과 느낌은 연쇄적으로 서로서로 영향을 미쳐 증강됩니다.

이러한 불편한 감정을 당신은 어떻게 처리하나요? 외면하나요? 부정하나요? 억압하나요? 회피하나요? 그렇게 하면 그 불편한 감정이 해소가 되던가요? 아마 그렇지 않았을 것입니다. 마치 자신의 그림자와 주먹다짐을 하는 격이어서 주먹을 내지르면 내지를수록 결국 당신 자신만 지쳐 나가떨어질 것입니다.

왜 그럴까요? 불편한 감정의 윤회에서 진실로 벗어나고자 한다면 이제까지와는 다른 접근이 필요합니다. 불편한 감정의 역동에 대한 주의 깊은 관찰이 필요합니다. 그것에 대한 또 다른 생각, 판단, 분별이 아닌, 있는 그대로의 사실에 대한 주시, 관찰이 필요하단 말입니다.

불편한 감정의 역동이란, 불편한 감정이라는 현상이 일어나고 유지되고 강화되는 전체 과정의 역학을 말합니다. 불편한 감정을 촉발하는 내부적 또는 외부적 요인이 있을 것입니다. 어떤 상황이나 사건이라는 외부 요인이나, 아니면 아무 이유 없이 떠오른 기억이나 생각이라는 내부 요인 말입니다.

외부적이든 내부적이든 이른바 주의를 끄는 대상이 있으면 그 대상과 짝을 이루는 주관, 주체, 나, 이른바 에고가 등장합니다. 불편한 감정은 반드시 '나'의 '문제'입니다. 불편한 감정의 역동 배후에는 '나'

와 '문제'라는 분리, 분열, 분별이 반드시 있습니다. '나'는 이 '문제'가 마음에 들지 않습니다.

이러한 분리, 분열, 분별이 일어난 이상 자연스럽게 '나'는 그 '문제'를 해결하려는 역동이 일어납니다. 그런데 이상하게도 그렇게 해결하려고 몸부림치면 칠수록 '문제'는 해결되지 않고 '나'는 더욱 괴로워집니다. 그 '문제'가 시간의 흐름 따라, 인연 따라 스스로 해소되지 않는 이상 이 쳇바퀴에서 빠져나가는 것은 거의 불가능합니다.

이러한 전체 과정이 이해된다면 주의 깊은 관찰을 통해 복기(復碁)해 보십시오. 처음 외부 또는 내부 요인과의 접촉 순간에 벌어지는 분리, 분열, 분별을 알아차릴 수 있나요? 어떤 대상이 있으려면 반드시 그 대상을 지각하고 인식하는 주관이 있어야 합니다. 주관과 대상은 연기적으로 발생합니다. 그 연기적 발생의 밑바닥에는 우리 존재에 대한 무지, 무명, 어리석음이 있습니다.

불편한 감정의 역동 배후에는 해결되어야 할 '문제'와 그것을 해결해야 할 '나'의 마주 섬, 대립이 있습니다. 무지, 무명, 어리석음으로 인한 무의식적인 자동 분별이 그러한 대립을 만들어 냅니다. 생각과 느낌으로서만 존재하는 '나'는 '문제'(해결해야 할 불편한 생각과 느낌)로부터 그 존재감을 얻고, '문제' 역시 '나'로 인해 실제감을 얻게 됩니다.

본래 없던 '나'와 '문제'가 한순간의 분별로 인해 구체적인 존재감을 갖게 됩니다. 그 밑바탕에는 존재에 대한 오해, 무지, 무명이 있다고 앞서 말했습니다. 자신과 세계에 대한 잘못된 관념이 어떤 현상에 대한 갈망과 혐오를 일으키는데, 현상의 질서를 '나'의 의지대로 할 수 없는 까닭에 필연적으로 괴로움, 불편한 감정의 상태를 피할 수는 없게 됩니다.

불편한 감정 상태 속에 있을 때, '나'와 '문제'로 분리, 분열, 분별이 일어났을 때 정신 차려 사태를 똑바로 살펴봐야 합니다. '나'가 따로 있는 게 아니라, '문제'가 바로 '나'입니다. '문제'가 따로 있는 게 아니라, '나'가 바로 '문제'입니다. 따로 떨어져 있는 것처럼 느껴지는 것은 분리, 분열, 분별에 속았기 때문입니다. '나'와 '문제'는 샴쌍둥이처럼 서로 붙어 있습니다.

'나'가 '문제'를 처리하거나 해결하는 방식이 불편한 감정을 더욱 악화시키는 까닭이 여기에 있습니다. 해결하려 하는 '나'가 바로 '문제'이기 때문에 해결하려 하면 할수록 '문제'는 강화됩니다.

'나'가 바로 '문제' 그 자체임을 보아야만 합니다. 또 다른 분리, 분열, 분별을 일으키라는 말이 아닙니다. 불편한 감정의 역동 전체 과정을 순수한 주의, 판단 없이 그저 바라봄으로 온전하게 깨달아야만 합니다. '나'가 바로 '문제'라는 사실을……. 그것이 불편한 감정 그 자체를 온전히 수용하고 경험한다는 가르침의 실제입니다.

'문제'를 대상화하는 분리된 '나'의 관점이 아니라, '나'가 바로 '문제' 그 자체였다는 사실 인식이 수용이라면, 그러한 인식을 기반으로 '나' 자신을, '문제' 그 자체를 온전히 경험하는 것입니다. 분리, 분열, 분별이 만들어 낸 '나'와 '문제' 사이의 꿈 같고 환상 같은 갈등, 길항(拮抗), 윤회에서 빠져나오는 것입니다.

밖으로 나오려면, 먼저 안으로 들어가야 합니다.

12. 무지(無知)의 구름

사랑하는 벗이여, 오늘 아침은 날이 흐립니다. 여름내 푸르던 풀들이 찬바람에 서걱거리며 마르기 시작합니다. 어느덧 가을 깊숙이 들어왔습니다.

벗이여, 아직도 무엇을 찾고 있는가요? 아직도 무엇을 잡으려 하는가요? 얻고자, 알고자, 느끼고자 하는가요?

그런데 그 모든 갈구는 어디에서 일어났다 사라지나요? 모든 경험은 어디에서 나타났다 사라지나요?

그동안 익숙했던 주관으로서의 자기 자신이 하나의 대상으로 명확히 지각하거나 인식할 수 없는, 바로 그 지각과 인식의 바탕이 있지 않은가요?

하나의 대상으로서는 결코 알 수 없는, 그리하여 알지 못한다는 자각으로서만 알 수 있는, 아는 것도 아니고 모르는 것도 아니라는 역설로 표현할 수밖에 없는 그것.

모든 대상을 지각하고 인식하는 바로 그 바탕 자리는 결코 지각되거나 인식되지 않습니다. 그것은 영원한 신비, 알지 못함의 구름, 비(非)-사량(思量)의 상태, 오직 모를 뿐, 모르는 줄 아는 마음입니다.

벗이여, 스스로에게 드러난 현상으로서의 당신 자신의 참모습이 바로 그것입니다. 영원한 현재, 변함없는 현존, 있는 그대로의 현실 전체가 당신의 진정한 모습, 본질입니다.

차가운 바람이 불어옵니다. 당신 자신 안에서 당신 자신으로서, 당신 자신에게로. 그것은 당신 자신의 미소, 당신이 당신 자신을 맛보는 기쁨입니다.

사랑하는 벗이여, 당신은 언제나 바로 그것이었고, 바로 지금 그것이며, 영원히 그것일 것입니다. 이 사소한 깨달음이 당신을 안식에 이르게 하기를. 단 한 번도 떠난 적이 없는 당신 자신에게로 돌아갈 수 있게 하기를.

13. 무아인 진아

당신이 깨어 있다면, 잠들어 있거나 기절한 상태가 아니라면, 당신 눈앞에 자연스럽게 당신 자신의 육체와 바깥 세계가 펼쳐져 있을 것입니다.

당신 자신과 세계, 시간과 공간이 아무런 애씀 없이 경험되고 있을 것입니다.

맞습니까?

(잠시 멈춤)

그렇다면 곰곰이 살펴보십시오. 당신의 평생 동안 깨어 있는 모든 나날이, 모든 순간이, 바로 지금 당장 당신이 경험하고 있는 바와 같지 않았나요?

눈앞에 당신 자신과 세계가 드러나 있지 않았나요?

쉽게 긍정하지 말고, 자신의 경험을 통해 이 말이 진실인지 아닌지 확인하십시오.

(잠시 멈춤)

만약 당신 자신의 경험적 확인을 통해 그것이 진실임이 증명되었다면, 서두르지 말고 다음에 이어질 이야기들을 똑같이 자신의 경험을 통해 확인해 보십시오.

당신은 평생 동안 깨어 있는 순간이면 당신 자신과 세계를 동시에 경험하고 있었습니다. 이 말을 잘 탐구하십시오. 자신의 경험을 통해 확인하십시오.

당신은 당신 자신과 세계를 동시에 경험하고 있습니다.

사실인가요?

(잠시 멈춤)

당신은 당신 자신을 경험하고 있습니다. 이 말의 모순을 발견할 수 있겠습니까? 당신이 당신 자신을 경험한다?

그러나 당신의 경험은 그렇지 않습니까? 당신 자신은 당신 자신을 경험하고 있지 않은가요? 당신 바깥의 세계를 경험하고 있는 것처럼!

당신이 당신 자신을 경험하고 있다는 사실을 주목하십시오.

(잠시 멈춤)

당신이 당신 자신을 경험한다는 것은, 당신의 육체가 감각으로 경험되고 있거나, 당신 내면의 생각, 감정, 욕망 따위가 경험되고 있다는 뜻일 것입니다.

맞습니까?

(잠시 멈춤)

그런데 바로 지금 이 순간, 당신의 육체, 생각, 감정, 욕망, 곧 당신 자신을 경험하고 있는 당신은 누구 또는 무엇인가요?

세계와 같은 객관 대상으로서의 당신 자신이 아니라, 세계와 같은 객관 대상을 지각하고 인식하는 주관으로서의 당신은 누구 또는 무엇인가요?

(잠시 멈춤)

서두르지 마십시오. 여기서부터 침착하게 탐구해 나가야 합니다.

우리는 보통 이렇게 지각되고 인식되는 육체나 생각, 감정, 욕망 따위의 복합체를 우리 자신이라 동일시해 왔습니다. 그것이 단순히 지각되고 인식된다는 이유 때문입니다.

바로 지금 이 순간에도 이렇게 생생하게 느껴지기 때문에 그렇게 느껴지는 이 육체를, 이 생각, 감정, 욕망을 자기 자신이라 착각한 것입니다.

그러나 지각되고 인식되는 육체와 생각, 감정, 욕망은 당신 눈앞의 컵이나 휴대전화와 같이 지금 이 순간 동일한 무언가에 의해 지각되고 인식되는 객관적 대상일 뿐입니다.

이 점을 깊이 고찰해 보십시오. 당신 자신을 느껴 보십시오. 당신의 육체적 감각을, 생각을, 감정을, 욕망을……. 당신 자신이 경험되고 있지 않은가요?

(잠시 멈춤)

당신 자신이라 이제껏 동일시해 왔던 당신의 육체, 생각, 감정, 욕망은 지금 이 순간 목격되고 있습니다. 지각되고 인식되고 있습니다. 그것을 목격하는 것은 누구 또는 무엇인가요? 무엇이 당신 자신을 지각하고 인식하고 있는가요?

비유하자면, 당신의 눈이 속눈썹과 콧잔등과 광대뼈와 머리카락은 물론 눈앞의 여러 대상을 모두 다 볼 수 있지만, 그 모든 것을 보고 있는 눈 자신을 또 다른 하나의 대상으로 볼 수 있을까요?

만일 보고 있는 눈이 보이게 된다면, 그것은 보는 주체로서의 눈이 아니라, 그 보는 눈에 의해 보여진 또 다른 대상이 아닌가요? 잘 생각해 보십시오.

(잠시 멈춤)

자, 다시 당신 자신과 세계를 경험해 보십시오. 객관적 대상인 당신 자신과 세계를 지각하고 인식해 보십시오. 그 객관적 대상인 당신 자신과 세계를 경험하고 지각하고 인식하고 있는 것이 진정한 당신입니다.

눈이 객관적 대상으로 보여질 수 없지만 객관적 대상을 보고 있음으로써 자신의 존재가 증명되듯이, 진정한 주체로서의 당신은 당신의 육체나 생각, 감정, 욕망처럼, 세계 속의 객관적 대상처럼 파악될 수는 없지만 그 모든 것을 경험하고 지각하고 인식하고 있음으로써 스스로를 증명하고 있습니다.

진정한 당신은 진정한 주체이기 때문에 객관적으로 지각되거나 인식될 수 없습니다. 경험하는 주체인 당신은 객체로서 경험되지 않습니다. 보고 있는 눈은 하나의 보이는 대상으로 경험되지 않듯이.

(잠시 멈춤)

그러나 대상으로서 볼 수 없다는 것은 무슨 의미인가요? 대상으로서 지각되거나 인식될 수 없다는 것은 무슨 뜻인가요? 대상으로서 경험되지 않는다는 것은 무슨 말인가요?

보이는 대상은 없지만, 보고 있음은 있다는 의미가 아닌가요? 지각되거나 인식되는 대상은 없지만, 지각하고 인식하고 있다는 뜻은 아닌가요? 경험되는 대상은 없지만, 지금 이 순간 스스로 경험하고 있다는 말이 아닌가요?

(잠시 멈춤)

다시 자연스럽게 당신 눈앞의 경험으로 돌아가 보십시오. 당신은 아무 애씀 없이 하나의 대상으로서의 당신 자신과 세계를 경험하고 있습니다.

경험하고 있다! 보고 있다! 지각하고 있다! 인식하고 있다!

그 경험하고 있음, 보고 있음, 지각하고 있음, 인식하고 있음 그 자체로 있으세요. 또다시 그것을 대상화하지 말고 그저 그 자체로 있으세요. 있음으로 있으세요. 모든 노력, 판단, 분별, 행위를 쉬면 이미 그것 자체입니다.

당신은 평생의 경험을 통해 스스로 알 수 있습니다. 당신 자신의 변화와 바깥 세상의 변화를 평생 목격해 왔던 목격자로서의 진정한 당신 자신은 언제나 변함이 없었다는 사실을!

언제나 바로 지금 당신 눈앞에서 즉각적으로 경험되는 이렇게 존재함, 이렇게 경험함, 이렇게 지각하고 인식함이라는 그 사실을! 너무나 단순하면서도 너무나 당연한 이 현존의 경험을!

(잠시 멈춤)

당신 평생의 삶은 이 눈앞에서 모두 나타나고 사라졌습니다. 지금도 수많은 삶의 경험이 눈앞에서 나타났다가 사라져 가고 있습니다.

그러나 언제나 눈앞이라는 현존의 경험, 생생하게 깨어서 모든 대상을 목격하고 있다는 직접적인 경험이 있습니다. 그것이 객관적 대상으로서의 당신 자신이 아닌 진정한 당신 자신입니다.

당신 자신이라고 할 객관적 대상이 전혀 없는, 그것이라 할 것이 없는 그것이 진정한 당신 자신입니다.

자기 자신의 경험을 잘 탐구해서 이것이 진실인지 아닌지 스스로 확인해 보십시오.

(잠시 멈춤)

무아(無我)가 진아(眞我)입니다.

14. 참회

사랑하는 벗이여, 무슨 일이 있는가요? 당신의 얼굴은 어둡고 어깨는 무거워 보여요. 괴로운 일이라도 있는가요?

괴로움은 우리 인생에서 빼놓을 수 없는 것, 흡사 바다의 짠맛과도 같은 것입니다. 그것을 배경으로 잔잔한 희망과 소소한 행복이 부침합니다.

사랑하는 벗이여, 내게 기대어 잠시 쉬면서 내 이야기를 들어보세요.

모든 괴로움에는 이유가 있습니다. 그것이 명확히 겉으로 드러난 것이든 아직은 드러나지 않은 것이든. 괴로움에는 그것을 일으킨 원인이 있으며, 그 원인은 그대의 행위에 기반합니다.

과거 또는 현재에 그대가 한 육체적 행위, 언어적 행위, 의지적 행위를 기반으로 현재 또는 미래의 과보가 이어집니다. 모든 사람은 행복을 위해 행위하지만, 행복을 목적으로 한 모든 행위가 행복한 결과로 이루어지는 것은 아닙니다.

결코 채울 수 없는 갈망에 기반한 행위는 때로 일시적인 행복감을 가져다줄지라도 결국에는 불만족과 그로 인한 괴로움으로 종국을 맞습니다.

사랑하는 나의 벗이여, 스스로 돌아보세요. 당신 괴로움의 원인, 당신이 한 행위를 살펴보세요. 그리고 그 배후에 미처 몰랐던, 혹은 알아차렸지만 간과했던 욕망과 탐착, 갈망을 알아차리세요. 또 그러한 *끈끈한* 역동의 근본 원인인 '나'에 대한 집착을 깨달으세요.

사랑하는 나의 벗이여, 당신이 괴로움의 전체 과정을 진실로 이해하게 될 때 당신 안에서 진정한 참회, 당신이 한 행위에 대한 참된 회개가 일어날 것입니다. 그 참회와 회개가 당신을 몰아넣었던 괴로움에서 벗어나게 해 줄 것입니다.

사랑하는 벗이여, 당신을 용서하세요. 당신은 이미 용서받았습니다. 다시는 어리석은 짓을 하지 마세요.

15. 욕망

 사랑하는 벗이여, 어제는 한 젊은 수도자가 찾아왔습니다. 아직 청춘의 열기가 고스란히 남아 있는, 그래서 때론 어설프면서도 그러므로 더욱 진지한 자세로 이 길을 가고자 하는 이였습니다.

 그가 물었습니다. 이성에 대한 욕망을 어찌해야 하느냐고. 십수 년을 청빈과 청정의 길을 걸어왔음에도 아직도 그 욕망이 남아 있다는 사실에 그는 자괴감을 느끼고 있는 것 같았습니다.

 그에게 말했습니다. 나 역시 그러한 고민을 했고 지금도 여전히 그로부터 자유롭다고 말할 수는 없는 처지라고. 다만 그 욕망을 부정하거나 억압하지 말라고 했습니다. 욕망을 있는 그대로 인정하고 제대로 바라보는 데서부터 욕망에서 벗어나는 길은 시작된다고 말했습니다.

 이성에 대한 욕망, 끌림, 애정과 애욕은 생애의 상당한 시기에 지속되는 영향력이라는 사실을, 그것이 없었다면 인류의 존속은 물론 수많은 문화와 예술, 인간의 생활 양식, 인간의 역사 그 자체가 성립할 수 없었다는 사실을 인정해야만 한다고 말했습니다.

일반적인 인간의 삶이란 그러한 자연스러운 이끌림에 따라 이성을 만나고, 자식을 낳아 가정을 이루고, 그것을 위해 남은 삶을 사는 것이라 했습니다. 그 과정에서 벌어지는 여러 에피소드들, 기쁨과 슬픔, 행복과 불행의 서사가 보통 인생이라고 부르는 그것이라고.

그러나 나도 그대도 그 길이 아니라 다른 가능성의 길을 가는 사람이 아니냐고 물었습니다. 그런 삶의 끝에 이르러서 아무런 후회 없이 만족할 수 있는 사람이라면 이 길을 가지 않았을 것이 아니냐고 물었습니다. 우리는 보통 사람들이 사는 방식으로는 도저히 살아낼 수 없는 사람들이 아니냐고 물었습니다.

이성에 대한 끌림과 애정을 통해 그 길을 더 분명하게 갈 수 있다면 문제가 될 일이 아니지만, 그러한 욕망을 충족시키는 과정에서 행여 이 길을 가는 데 장애가 될지 모르는 집착, 끄달림, 부도덕한 행위, 후회로 귀결되는 결과가 이어질 수 있다는 사실을 잘 살펴봐야 한다고 했습니다. 욕망에 끌려 협소해진 지각과 인식으로 깨어 있지 못한 행동을 할 경우 그 뒤에 이어질 인연, 업보를 지혜롭게 살필 수 있어야 한다고 했습니다.

　나도 많은 실수를 했다고. 그러한 욕망에 끌림을 느낄 때를 또 다른 공부의 계기로 삼으라고 했습니다. 오랫동안 반복되었던 과거의 반응 양식에 자기도 모르게 휩쓸려 들어가지 않도록 깨어 있는 눈으로 그 전체 과정을, 인과의 흐름을 관찰할 수 있는 힘을 기르라고 했습니다.

　부처님께서 말씀하지 않으셨던가요? 아직 일어나지 않은 불선(不善)한 법들은 일어나지 않도록 노력해야 하고, 이미 일어난 불선한 법들은 끊으려 노력해야 하고, 아직 일어나지 않은 선(善)한 법들은 일으키려 노력해야 하고, 이미 일어난 선한 법들은 더욱 증장시키기 위해 노력해야 한다고.

　짧은 만남을 뒤로하고 떠나는 그에게 말했습니다. 모든 것은 인연으로 말미암는다고. 인연을 잘 살펴보라고. 사랑도 욕망도 모두 실체 없는 것, 조건에 따라 발생했다가 조건에 따라 소멸하는 허망한 것, 우리네 삶이 그런 것이라고. 부디 어렵게 선택한 그 길을 벗어나지 말고 뚜벅뚜벅 걸어가라고.

　사랑하는 벗이여, 우리도 이 길 없는 길, 끝없는 길을 함께 걸어갑시다. 우리를 얽어맨 구속과 장애의 실체 없음을 깨어 있는 눈으로 살펴보면서 뒤돌아보지 말고 걸어갑시다.

사랑하는 나의 벗이여, 만추(晩秋)의 계절이 온몸으로 무상(無常)을 노래합니다.

4부

참된 수행:
일상의 문으로 들어가기

1. 참된 수행이란 무엇인가?

진리를 찾기 위한 수행은
진리를 가리는 움직임이 될 수 있다.

그러나 올바른 수행은
그 '가리려는 움직임' 자체를 알아차리는 것이다.

수행이라는 말은
한국인에게 깊은 정서를 불러일으킵니다.

불교 문화의 전통과 선방의 이미지,
고행과 정진의 무게가 '수행'이라는 단어 하나에 응축되어 있습니다.

하지만 비이원론의 관점에서 보면,
이런 수행 개념은 근본적인 오해를 낳을 수 있습니다.

왜냐하면 대부분의 수행이
'나'가 뭔가를 얻고자 하는 움직임에 기반하기 때문입니다.

그러나 비이원론적 수행은
'나'의 진보가 아닌, '나'의 허구를 명확히 보는 일입니다.

전통적인 수행과 비이원론적 수행의 차이를 다음의 표와 같이 간단히 비교해 볼 수 있습니다.

구분	전통적 수행	비이원론 수행
목표	깨달음에 도달	이미 존재하는 자각을 인식
주체	수행하는 '나'	자각 그 자체
방법	정진, 반복, 계율, 노력	알아차림, 명료함, 허용
결과	향상된 상태, 경지	특별한 상태 없음, 평범함

전통적 수행은 '노력'을 강조하고,
비이원론적 수행은 '멈춤'을 강조합니다.

그러나 여기서 중요한 것은
비이원론도 '진짜 수행을 부정하지 않는다'는 점입니다.

다만 그 수행이 '무언가를 얻기 위한 자기중심적 노력'으로 오염되지 않아야 합니다.

수행은 '나'를 강화하는 방식으로 작동할 수 있습니다
다음은 많은 사람이 빠지는 수행의 함정입니다.

"나는 열심히 수행 중이다."
"이젠 조금 더 깨어 있는 것 같다."
"이 감정은 더는 나를 흔들지 않는다."
"이전에 비해 많이 진보했다."

이 모든 생각은
'수행하는 나'를 유지하고 강화하는 이야기들입니다.

그리고 바로 이 지점이
가장 교묘한 자기 동일시의 덫입니다.

수행은 자아의 도구가 아니라,
'자아가 작동하고 있음을 보는 투명한 거울'이어야 합니다.

1) 비이원론 수행의 본질
  – 알아차림으로의 정직한 회귀

그렇다면 비이원론의 수행은 무엇일까요?

감각, 생각, 감정이 일어나는 것을
의식적으로 '있는 그대로' 알아차립니다.
반응하려는 습관을 잠시 멈추고 관조합니다.

명확하게 드러나는 자각 속에서
'나라는 이야기'를 내려놓습니다.

어떤 상태도 만들지 않고,
지금 이 순간의 경험을 있는 그대로 허용합니다.

이는 더이상 도달의 여정이 아닌,
'항상 그 자리에 있던 나'로 돌아가는 일입니다.

2) 실천의 필요성
 – 왜 알아차림에도 연습이 필요한가?

많은 이들이 묻습니다.
"이미 자각이 있다면, 왜 수행이 필요한가요?"

이 질문에 대한 대답은 명확합니다.

자각은 항상 여기에 있지만,
그것을 가리는 습관적 조건화는 매우 깊기 때문입니다.

한국인으로서 우리는
'노력해야 한다'는 신념,
'성과를 내야 가치가 있다'는 문화,
'좋은 상태를 유지해야 한다'는 강박에 매우 익숙합니다.

이러한 조건화 속에서는
단순히 '있는 그대로 머무는 것'조차 쉽지 않습니다.

그래서 우리는 수행이 아닌,
지금 여기 항상 있는 자각을 거듭 상기시켜 주는 과정이 필요합니다.

수행은 끝을 향해 나아가는 길이 아닙니다.
수행은 '지금 이 자리'에 정직하게 머무는 연습입니다.

그 자리는 지금도,
언제나, 이미 여기에 있습니다.

자각으로 돌아가는 순간 연습

1. 매 식사 시간마다
- 1분간 아무것도 하지 않고 감각, 생각, 공간을 알아차려 본다.

2. '해야 한다'는 생각이 들 때,
- 그 생각이 누구에게 드는지 관찰한다.

3. 마음이 조급할 때,
- 그 조급함의 에너지가 어디서 느껴지는지를 정확히 지켜본다.

2. '하는 자' 없이 살아 보기

일상 속에서 실천하는 비이원론

'내가 한다'는 착각이 사라질 때,
삶은 그저 저절로 흘러간다.

그 흐름 속에 고요와 지혜가 있다.

대다수 사람은 이렇게 살아갑니다.

"내가 일어나고,
내가 밥을 먹고,
내가 운전하고,
내가 일하고,
내가 생각한다."

하지만 비이원론은 묻습니다.

"그 '내'가 실제로 있는가?"
"일어나고 있는 이 모든 경험에 '행위자'가 정말 존재하는가?"

이 질문은 단순한 철학적 사고 실험이 아니라,
매 순간의 삶에 대한 관점 전환을 요청하는 것입니다.

'하는 자'는 관념일 뿐입니다

우리가 하루를 살며 하는 대부분의 일은
생각보다 훨씬 '자동적'입니다.

잠에서 깨어날 때,
화장실을 갈 때,
커피를 마실 때,
스마트폰을 들여다볼 때,
운전을 할 때,
말할 때,

이 모든 행동은 생각이 결정하기도 전에 벌어지고 있습니다.

그러나 우리의 언어는 늘 이렇게 말합니다.
"내가 했다."
"내가 선택했다."

이 말은 사실,
나중에 일어난 사건에 '나'라는 이름을 붙이는 습관일 뿐입니다.

생각은 흐름에 '주인'을 부여합니다.
그러나 그 '주인'은 언제나 허구입니다.

1) '행위자 없음'을 체험적으로 이해하기

비이원론적 수행은 이 '없는 자'를
굳이 조종하거나 없애려 하지 않습니다.

그저 지금 이 순간에
실제로 어떤 일이 일어나고 있는지를 정직하게 바라볼 뿐입니다.

예를 들어,

- 발걸음을 옮긴다 – 누가 움직이는가?
- 숨을 쉰다 – 누가 숨 쉬고 있는가?
- 생각이 든다 – 그 생각은 어디서 오는가?
- 말이 튀어나온다 – 누가 말하는가?

이 질문들에 생각으로 대답하지 않고,
직접 그 경험을 통해 조사해 보면
'하는 자'는 언제나 부재하고
삶은 그냥 일어나고 있다는 사실이 자각 속에 드러납니다.

2) 삶을 수행으로 삼는 법

비이원론적 수행은 특별한 자리에 앉아서 하는 것이 아닙니다.
삶 전체가 수행이고, 수행은 곧 삶이 됩니다.

일상의 구체적인 순간에서
'하는 자 없이 살아보기'의 예시를 들어 봅시다.

- 아침에 일어날 때: '일어나야지'가 아니라, 몸이 움직이는 것을 관찰하기
- 식사할 때: 먹는 자가 아닌, 맛과 씹힘의 감각을 경험하기
- 말할 때: 말하려는 생각이 어디서 일어나는지 보기
- 걸을 때: 발이 움직이는 것을 관찰하고 걸음이 '일어나는 것'임을 인식하기
- 불편함을 느낄 때: 감정을 바꾸려 하지 않고, 그 불편함을 있는 그대로 허용하기

이러한 방식은 어떤 기술이나 명상이 아닙니다.

그저 삶이 자발적으로 일어나고 있음을 인식하고,
그 흐름을 존중하며 사는 태도일 뿐입니다.

'내가' 하는 삶은
항상 조절해야 하고,
결과를 만들어야 하고,
실수하지 않으려 하고,
'잘해야 한다'는 압박을 느낄 수밖에 없습니다.

그러나 '삶 그 자체'로 사는 삶은
삶의 흐름을 신뢰하고,
지금 여기에 머물며,
모든 것에 열려 있고,
'그냥 이래도 괜찮다'는 수용의 자세로 살아갈 수 있습니다.

삶은 당신을 통해 흐르고 있는 것이지,
당신이 삶을 조정하고 있는 것이 아닙니다.

그 흐름을 믿고 삶을 조종하려는 의도를 내려놓을 때, 우리는 마침

내 삶과 하나로 존재하게 됩니다.

하는 자 없이 살아 보기 연습

1. 하루 중 한 끼 식사를
 – '먹는 자' 없이 감각(씹는 감각, 삼키는 느낌, 향기 등)만으로 경험해 보기.

2. 말할 때마다
 – "이 말이 어디서 오는가?"를 짧게 자문해 보기.

3. 운동이나 걷기 중 '내가 운동한다'는 생각 없이
 – 몸의 움직임이 일어나는 것을 관찰하기.

4. 결정할 일이 생겼을 때
 – "이 결정을 내가 하려 하는가?, 아니면 결정이 자연스럽게 일어나는가?"를 자각해 보기.

3. 저항 없는 접촉

<u>감정과 고통을 대하는 비이원론적 방식</u>

> 감정은 사라져야 할 것이 아니라
> 들려야 할 진실이다.
>
> 저항하지 않을 때,
> 그 감정은 사랑으로 녹는다.

우리의 일상은 감정으로 가득합니다.

불안,
짜증,
외로움,
분노,
질투,
죄책감,
허무,
우울……

감정은 때로 너무 생생해서
그것이 '나 자신'처럼 느껴지기도 합니다.

그래서 대다수 사람은 감정을 통제하려 하거나, 억제하거나 회피하거나 없애려 합니다.

하지만 비이원론적 수행은 이런 감정에 대해 정반대의 태도를 제안합니다.

1) 감정은 '나'가 아니다

불안은 진짜로 존재하지만,
'내 불안'은 하나의 이야기일 뿐입니다.

분노도 실제로 느껴지지만,
'나는 분노하는 사람이다'라는 정체성은 마음의 해석일 뿐입니다.

감정은 현상입니다.
정체성이 아닙니다.

감정은 느껴지지만, '나'는 아닙니다.

비이원론에서 중요한 질문은 이것입니다.
"이 감정이 느껴지고 있는 자각은 어디에 있는가?"

감정은 일어나고 사라집니다.
그러나 그 감정을 알아차리는 의식은 사라지지 않습니다.

감정은 흐름이고, 자각은 배경입니다.

2) 저항이 고통을 만든다

고통 그 자체보다 더 큰 고통은
그 고통을 원하지 않는 마음입니다.

외로움을 느끼는 것은 자연스럽습니다.

하지만 '외로워서는 안 된다'는 저항이
그것을 고통으로 만듭니다.

분노는 에너지입니다.

하지만 '이건 나쁜 감정이야'라는 판단이

분노를 억압하거나 폭발하게 만듭니다.

불안은 생존과 자기 보호의 도구일 수 있습니다.

그러나 '불안하면 안 돼'라는 믿음은
불안을 부끄러움과 수치심으로 바꿉니다.

감정은 저항하지 않으면 그대로 지나갑니다.
감정을 문제 삼을 때만 괴로움이 됩니다.

3) 감정을 있는 그대로 만나기

비이원론적 감정 실천은 감정을 없애려 하지 않고
그 감정을 완전히 '느껴 주는 것'입니다.

즉, 감정에 이름 붙이기 전에,
감정을 해석하기 전에,
감정을 변화시키려 하기 전에,
그 감정을 '있는 그대로 느끼는 공간'이 되는 것.

그렇게 할 때,

감정은 이제껏 한 번도 들어보지 못한 이야기를 들려줍니다.

그 이야기의 깊은 층에는 언제나
사랑받고 싶었던 마음,
존재를 인정받고 싶었던 마음,
고요 속에 쉬고 싶었던 마음이 있습니다.

4) 감정과 '나'를 분리하지 않기

주의할 점은
비이원론이 감정을 분리하거나
객관화하자는 이야기가 아니라는 것입니다.

오히려 그 감정을
'따뜻한 공간' 안에 완전히 받아들이라는 것입니다.

예를 들어 봅시다.

"불안이 느껴지는구나.
이 불안은 내가 실패할까 두려워하는 마음이구나.
그것도 괜찮다.

지금 이 불안을 느낄 수 있는 공간이 여기 있다."

"화가 나는구나.
억울하고 인정받고 싶은 마음이 있구나.
이 마음은 그냥 인정받고 싶었을 뿐이구나.
그걸 알아차리는 지금 이 자리는 아무런 판단이 없다."

이렇게 감정을 완전히 느껴 주고
그 감정을 끌어안는 '자각의 품'이 살아날 때
감정은 더이상 문제가 아닙니다.

감정을 통제하지 말고,
감정을 완전히 허용하십시오.

그 허용의 자리에 깨어 있는 자각이 있습니다.
그 자각은 결코 흔들리지 않습니다.

당신이 바로 그 자각입니다.
감정은 거기서 자유롭게 흐를 수 있습니다.

감정을 있는 그대로 느끼는 연습

1. 감정이 올라올 때,
바로 반응하지 말고 그 에너지의 위치(예: 가슴, 배, 머리 등)를 관찰해 본다.

2. 감정에 이름을 붙이지 말고,
그 감정의 육체적 느낌(예: 조임, 열기, 떨림, 압박감 등)에 집중해 본다.

3. 감정에게 이렇게 속삭여 본다.
"너를 바꾸지 않을게,
그냥 여기 있어도 돼.
나는 네 이야기를 들어 줄 준비가 되어 있어."

4. '타인 없음'의 관계 맺기

비이원론과 관계

타인은 나의 투영이다.
분리된 너는 없다.

모든 관계는 '하나의 의식'이
자기 자신을 마주 보는 방식이다.

우리는 태어나는 순간부터 관계 속에 존재합니다.
가족, 친구, 연인, 동료, 낯선 사람들…….

사람들은 늘 내 삶에 영향을 주고,
나는 그들 속에서 나를 확인하며 살아갑니다.

하지만 비이원론의 관점에서 보면,
우리가 관계라고 부르는 것은 실은 '내면의 경험'입니다.

너를 본다고 생각하지만,
내가 보는 것은 '너에 대한 내 생각' 일 뿐입니다.

결국 관계는 타인이 아니라
'내 의식 안에서 일어나는 것'입니다.

1) 너는 거기 있지 않다
- 관계의 비이원론적 해석

일반적인 관점에서는 '나'와 '너'는 분리되어 있고,
그 둘 사이에 관계가 있습니다.

하지만 비이원론은 묻습니다.

"너를 인식하는 의식은 어디에 있는가?
너의 표정, 말, 행동은 어디에서 경험되는가?"

결국 '너'는 지금 이 순간,
내 의식 안에서만 존재하지 않습니까?

이렇게 보면
우리가 '타인'이라고 부르는 존재는
결코 의식 밖에 독립적으로 있는 실체가 아닙니다.

그들은 의식의 반사, 생각의 형태, 감각의 경험일 뿐입니다.

2) 관계 속 갈등의 근원
 – 타인을 실체화할 때

관계에서 고통은 언제 생기나요?

상대방이 나를 인정해 주지 않을 때,
나를 이해해 주지 않을 때,
상대의 말이나 행동이 나의 기대에 어긋날 때…….

이 고통의 핵심은
'상대는 이래야 한다'라는 이미지에 기반하고 있습니다.

그 이미지는 내 안에서 만들어졌고,
그 이미지에 맞지 않을 때 우리는 고통을 느낍니다.

즉, 고통은 타인에게 있는 것이 아니라
타인에 관한 '내 생각'에 있습니다.

타인을 객체화하는 순간,

우리는 이미 진실에서 멀어집니다.

3) 사랑의 진실
— '타인 없음'의 체험

우리가 누군가를 진정으로 사랑한다고 느낄 때,
사실 그 순간에는 분리감이 거의 없습니다.

그 사람이 웃으면 나도 웃고,
그 사람이 아프면 나도 마음이 아픕니다.

나와 그 사이에 선이 사라집니다.

이런 사랑의 순간은
'나와 너'가 각각 존재한다기보다는

하나의 의식이 자신을 확장하여
다른 형태로 경험하는 순간입니다.

"네가 곧 나다."

이것이 비이원론의 관계입니다.

4) 비이원론적 관계 수행

- 감정이 일어날 때 보는 법

관계는 가장 깊은 수행의 장이 됩니다.

특히 갈등, 상처, 미움, 오해가 생겼을 때,
그것은 외부에서 온 것이 아니라
자기 안에서 들여다봐야 할 무의식의 조명입니다.

"저 사람 말투 왜 저래?" → 말투가 불편한 내 감각을 들여다본다.
"저 사람은 나를 무시해." → 무시당했다는 느낌의 실체를 관찰한다.
"내가 잘못했나?" → '잘못'이라는 자기 판단의 습관을 알아차린다.

이런 식으로 관계는 항상 자기 자신과의 깊은 만남을 부릅니다.

모든 관계는 거울입니다.

그 거울은 '상대'를 비추는 것이 아니라,

'나'를 비춥니다.

그래서 관계는 늘 진실합니다.
고통이든 기쁨이든,
그것은 당신이 누구인지를 보여 주는
또 하나의 길입니다.

비이원론적 관계 인식 실습

1. 누군가에 관한 감정이 올라올 때,
그 감정이 어디서 오는지 몸과 마음 안에서 관찰해 보기

2. 상대의 말이 불편할 때,
'지금 내 안에 어떤 기대가 있었는가?'를 정직하게 돌아보기

3. 누군가를 향한 판단이 생길 때,
'이 판단은 나의 오래된 믿음에서 온 것인가?'를 질문하기

4. 사랑의 순간이 있을 때,
'이 순간, 정말 너와 나는 분리되어 있는가?'를 조용히 자각해 보기

5. 세상 속에서 깨어 있기

비이원론적 자각과 사회적 삶

> 깨달음은 산속이 아니라
> 시장통에 있다.
>
> 진리는 분리된 고요가 아니라
> 분주함 안에서 드러난다.

비이원론 수행자들에게 가장 자주 주어지는 질문 중 하나는 이것입니다.

"세상일을 다 놓고 산속에 들어가야 하나요?"
"깨어 있는 삶과 일상은 양립 가능한가요?"

비이원론의 대답은 명확합니다.

"세상을 피하지 말라.
삶을 회피하지 말라.
바로 그 삶 안에서 깨어 있으라."

깨어 있음은 고요한 상태가 아닙니다

많은 사람이 깨어 있음 또는 깨달음을
특별한 상태, 조용하고 평온한 의식의 흐름,
혹은 외부 자극이 없는 무념무상의 상태라고 오해합니다.

하지만 비이원론의 핵심은 상태가 아닙니다.
'상태를 알아차리고 있는 자각 그 자체'입니다.

업무 중 긴장감이 올라올 때,
복잡한 교통 속에 짜증이 날 때,
이메일과 메시지로 분주할 때,

그 순간순간마다
'지금 이 경험은 무엇인가'라고 질문할 수 있다면,
그것이 바로 깨어 있는 삶입니다.

1) 비이원론과 일
- 직업과 사명

한국 사회뿐만 아니라 모든 사회 구성체에서

직업은 곧 정체성이며 생존 그 자체입니다.

그래서 많은 이들이 자각을 추구하면서도
'이 삶을 버려야만 깨어날 수 있다'는 무의식적 이분법에 갇힙니다.

하지만 진실은 그렇지 않습니다.

지금 당신이 맡고 있는 역할,
그 안에서도 깨어 있을 수 있습니다.

비이원론적 관점에서
'나는 이 일을 하는 사람'이라는 믿음은
'이 일이 지금 나를 통해 일어나고 있다'는 인식으로 바뀝니다.

나는 '교사'다 → '가르침이 지금 나를 통해 흘러가고 있다'
나는 '프로그래머'다 → '문제를 푸는 지성이 이 몸을 통해 움직이고 있다'
나는 '엄마'다 → '사랑이 이 몸을 통해 아이와 만나고 있다'

이런 식으로 볼 때
일은 자아를 증명하는 수단이 아니라,

존재가 표현되는 방식이 됩니다.

2) 돈, 시간, 사회적 평가
- 환상의 그림자들

우리는 대개 사회적 틀 안에서
'가치 있는 존재'로 인정받기 위해
끊임없이 돈을 벌고, 시간을 관리하며, 평가받습니다.

그러나 비이원론의 자각은 묻습니다.

"돈은 진짜로 '나'를 보장해 주는가?"
"시간은 실제로 존재하는가, 아니면 생각인가?"
"평가란 누구의 관점에서 만들어진 이야기인가?"

이 질문들은
지금 이 순간의 삶을
더 진실하고 실제적인 감각 안에서 살아가도록 도와줍니다.

그렇게 될 때,
비로소 우리는 '성공'보다 '실재'를 살게 됩니다.

3) 세상 안에서 무소유로 존재하기

무소유란
가진 것이 없는 상태가 아니라,
'무엇도 나의 것이 아니다'라는 자각입니다.

소유하되 집착하지 않기.
계획하되 그 결과에 매이지 않기.
사람을 만나되 기대하지 않기.
세상을 살되, '이것은 나의 삶'이라는 착각 없이 살기.

이런 태도는
비이원론적 자유를
가장 구체적인 삶의 방식으로 바꾸는 길입니다.

깨어 있음은
세상 밖에 있지 않습니다.

깨어 있음은
이 일을 하는 손 안에 있고,
이 말을 듣는 귀 안에 있고,

그 사람을 마주 보는 눈 안에 있습니다.

당신이 피하려 했던 바로 그 삶 안에
자각은 항상 있었습니다.

일상 속 자각의 틈 만들기 연습

1. 업무 시작 전 3초 멈춤.
지금 무엇이 느껴지는지 호흡과 함께 자각하기

2. 시간에 쫓길 때,
'지금 이 순간이 진짜 유일한 시간임'을 스스로 되새기기

3. 성공이나 실패 앞에서
'이 사건은 자아의 그림자일 뿐'이라고 알아차리기

4. 하루를 마무리하며
'오늘 하루, 어디서 내가 없었는가?'를 가만히 돌아보기

6. 아무것도 아닌 나, 모든 것인 나

비이원론의 통합적 삶

나는 아무것도 아니다.
나는 모든 것이다.

이 두 문장이
동시에 진실일 수 있다는 것이 비이원론의 신비다.

어느 각자(覺者)는 이렇게 말했습니다.

"깨달음은 새로운 무엇이 되는 것이 아니라,
더이상 되려 하지 않는 순간입니다."

비이원론은 끊임없이 질문합니다.

"내가 누구라는 생각은 진실인가?
내가 느끼는 이 감정은 어디서 오는가?
이 세계는 나와 분리되어 존재하는가?"

그 질문 끝에,
우리는 더이상 '자기라는 중심'을 찾지 못합니다.

대신 하나의 놀라운 자각이 남습니다.

나는 아무것도 아닌 순수한 알아차림이며,
동시에 모든 경험을 통해 자신을 드러내는 하나의 전체다.

1) 아무것도 아닌 나
– 자아의 해체

'아무것도 아닌 나'는
자기 개념의 해체를 의미합니다.

이름도 아니고,
직업도 아니고,
성격도 아니고,
과거도 아니고,
기억도 아니며,
경험도 아닌,

이 모든 것을 인식하는 '알아차림'으로서의 존재가 진실이라는 것.

이 자각이 깊어지면
자아라는 중심점은 사라집니다.

그 자리에 남는 것은
말할 수 없는 투명한 의식,
그 자체로 고요한 존재성입니다.

2) 모든 것인 나
 - 표현으로서의 세계

그러나 이 자각은 세상을 거부하지 않습니다.

오히려 세상 전체가
바로 그 '알아차림'의 표현이라는 사실이 드러납니다.

새소리도,
바람도,
이웃의 말도,
내 생각도,

전철의 소음도,
스마트폰 알림도,

모두가 그 하나의 의식이
자신을 다르게 표현하고 있는 방식입니다.

그럴 때 우리는 말합니다.

"나는 아무것도 아니지만,
동시에 이 모든 것 안에 있다."

이것이 자기 없음과 전체 됨의 역설적 통합입니다.

3) 삶은 더이상 문제가 아니다

이 자각 이후에도 삶은 계속됩니다.

여전히 몸은 아플 수 있고,
관계에서 갈등이 생길 수 있고,
감정은 일어나고 사라지고,
돈을 벌어야 하고,

일상은 반복됩니다.

그러나 그 모든 과정은
더이상 '나'라는 자아가 끌고 가는 일이 아닙니다.

삶이 스스로 펼쳐지는 현상으로 보입니다.

문제가 문제 되지 않게 됩니다.

삶을 해결하려 하기보다는
그 자체로 온전히 살아지게 됩니다.

한국인의 삶은
집단주의, 가족주의,
효, 경쟁, 비교, 성취 등의 문화적 패턴 안에 있습니다.

그래서 자아의 해체는 더 어렵게 느껴질 수 있습니다.
하지만 바로 그 문화적 배경이 깊은 자각의 무대가 될 수 있습니다.

- 부모와의 얽힘 → 애착이 사라질 때, 순수한 사랑이 남는다.

- 비교 의식 → 자아가 사라질 때, 모든 존재의 고유함이 드러난다.
- 성취의 압박 → 존재 그 자체가 충만할 때, 삶은 놀이가 된다.

조건을 회피하는 것이 아니라
그 안에서 자각이 피어나는 것,

그것이 통합된 비이원론적 삶입니다.

후기

이 책은 어떤 답을 주기 위해 쓰인 것이 아닙니다. 어떤 믿음이나 철학을 강요하려는 것도 아닙니다. 단지 질문하고자 했을 뿐입니다.

나는 누구인가?
지금 이 경험은 누구를 위한 것인가?
'지금 이 순간' 외에 진짜 삶이 있는가?

이 질문이 당신을 지금 여기에 데려다주었다면, 그것이면 충분합니다.

명상, 침묵의 향기

초판 1쇄 발행일 2025년 7월 21일

지은이 심성일

펴낸이 김윤
펴낸곳 침묵의 향기
출판등록 2000년 8월 30일, 제1-2836호
주소 10401 경기도 고양시 일산동구 무궁화로 8-28,
　　　삼성메르헨하우스 913호
전화 031) 905-9425
팩스 031) 629-5429
전자우편 chimmukbooks@naver.com
블로그 http://blog.naver.com/chimmukbooks

ISBN 979-11-990765-5-6 03220

*책값은 뒤표지에 있습니다.